陕西省哲学社会科学重点研究基地核心价值观培育与红色文化传承协同创新研究中心组编
核心价值观培育与红色文化基因传承系列丛书（七）

王琳娜 著

核心价值观培育与红色文化基因传承系列丛书

媒体融合背景下高校社会主义核心价值观教育研究

MEITI RONGHE BEIJINGXIA
GAOXIAO SHEHUIZHUYI HEXIN JIAZHIGUAN
JIAOYU YANJIU

陕西新华出版
陕西人民出版社

图书在版编目（CIP）数据

媒体融合背景下高校社会主义核心价值观教育研究 / 王琳娜著． -- 西安：陕西人民出版社，2024． -- ISBN 978-7-224-15549-5

Ⅰ．G641

中国国家版本馆 CIP 数据核字第 2024YH7553 号

责任编辑： 许晓光
整体设计： 姚肖朋

媒体融合背景下高校社会主义核心价值观教育研究

作　　者	王琳娜
出版发行	陕西人民出版社
	（西安市北大街 147 号　邮编：710003）
印　　刷	广东虎彩云印刷有限公司
开　　本	787 毫米 ×1092 毫米　1/16
印　　张	12.5
字　　数	170 千字
版　　次	2024 年 11 月第 1 版
印　　次	2024 年 11 月第 1 次印刷
书　　号	ISBN 978-7-224-15549-5
定　　价	68.00 元

总 序

陕西省哲学社会科学重点研究基地——核心价值观培育与红色文化基因传承协同创新研究中心为中共陕西省委宣传部、陕西省社科规划办批准，于2016年1月在陕西学前师范学院设立的省级哲学社会科学重点研究基地。基地以马克思列宁主义、毛泽东思想、邓小平理论、"三个代表"重要思想、科学发展观、习近平新时代中国特色社会主义思想为指导，以社会服务为要务，以科学研究为发展根基，以资政和政策研究为主攻方向，以人才培养为基础，以协同创新为动力，着力研究核心价值观培育与红色基因传承的重大理论问题和现实问题，进行核心价值观培育与红色基因传承的实践探索。

社会主义核心价值观是中国特色社会主义的文化精髓和当代中华民族的精神底蕴，体现了仁人志士的夙愿，体现了革命先烈的理想。红色文化是孕育社会主义核心价值观的根脉源泉，红色文化具有引领社会价值追求、凝聚思想共识功能。红色基因是红色文化的内核，要在传承红色基因中培育和弘扬社会主义核心价值观。

培育和践行社会主义核心价值观不传承红色基因就会迷失方向而失去社会主义性质。红色基因是框定社会主义核心价值观性状的生命线，红色基因以思想、文化形态存在并传承，既具有文化基因的共同特征，又具有独有特征，它具有保证核心价值观的社会主义方向、丰富核心价值观的精神内容、引领核心价值观的真善美风尚、夯实核心价值观共同理想基础的作用。

红色基因体现于社会主义核心价值观中。社会主义核心价值观回答了我们要建设什么样的国家、建设什么样的社会、培育什么样的公民的重大问题。红色基因历史地丰富并最终孕育出这些重大问题的答案，以生命线的地位和异彩缤纷的内容具体体现在社会主义核心价值观中。社会主义核心价值观是红色基因框定的国家价值目标、社会价值取向、个人价值准则。

多卷本核心价值观培育与红色文化基因传承系列丛书，汇聚各方面专家学者之力，聚焦核心价值观培育和红色基因传承，集中进行社会主义核心价值观研究、革命文化研究、红色基因传承研究、红色经典传播研究（美术方向、音乐方向、文学方向等）、红色文化产业发展研究、红色基因传承与意识形态建设研究。在对核心价值观培育和红色基因传承中的理论和实践问题进行全面研究的同时，重点打造青少年核心价值观培育和红色基因传承的研究优势和特色，对青少年核心价值观培育和红色基因传承发挥积极的引领作用。

通过编辑出版多卷本核心价值观培育与红色文化基因传承系列丛书，努力把核心价值观培育与红色文化基因传承协同创新研究中心建设成为研究方向明确、研究队伍实力雄厚、研究特色鲜明、研究水平较高、研究成果丰硕的核心价值观培育传播阵地、红色基因传承创新基地、思想理论战线上的新型智库。

陕西省哲学社会科学重点研究基地核心
价值观培育与红色文化基因传承协同创新研究中心

前 言

核心价值观，承载着一个民族、一个国家的精神追求，体现着一个社会评判是非曲直的价值标准。社会主义核心价值观是社会主义核心价值体系的高度凝练和集中表达。为党育人、为国育才是高校义不容辞的责任。新时代加强大学生社会主义核心价值观教育是高校的重大战略任务，也是高校思想政治教育研究的重点课题。近年来，网络与新媒体的高速发展，极大地改变了现代信息传播方式，深刻地影响着社会生活、价值观念、文化认同，也同时自然地改变着人们的生活方式、学习方式、思维方式。习近平总书记指出，一种价值观要真正发挥作用，必须融入社会生活，让人们在实践中感知它、领悟它，并注意把所提倡的与人们日常生活紧密联系起来，在落细、落小、落实上下功夫。我们党立志于中华民族千秋伟业，必须培养一代又一代拥护中国共产党领导和我国社会主义制度、立志为中国特色社会主义事业而奋斗的有用人才。大学生是祖国的未来、民族的希望。新时代要培养大学生社会主义核心价值观，使之成为筑牢信仰根基、涵育道德品质的精神营养。高校思政课要将社会主义核心价值观教育落实、扎根，就必须了解大学生的诉求点、关注点和期盼点。

目前，国际上意识形态领域的斗争依旧尖锐复杂，国内社会思想也呈现出多元、多样、多变的特征，而媒体作为高校思想政治教育工作的载体，不仅在"知"与"行"相互统一的教育过程中发挥重要作用，还对高校思想政治教育工作的实效性产生重要影响。近年来新兴媒体异军突起，大有取代传统媒体之势，社会各界的目光也逐渐由传统媒体转向新媒体。新媒体的互动性、便捷性、时效性等特点，在为高校思想政治教育现代化、信息化发展提供机遇的同时，其媒介的去中心化、多样化信息环境、信息内容真实程度的不确定性、信息来源的公信力等问题，也对高校开展社会主义核心价值观教育造成一定的冲击。

由于大学生在实践活动及认识活动中对新媒体的依赖程度日益加深，新媒体对大学生主体认知方式、思维方式的影响也越来越深刻。在认知方式上，新媒体一方面丰富了大学生群体获取信息的渠道，拓展了可获取信息的宽度和广度，并通过对新媒体中海量信息的解读，逐渐构建起自己独特的知识结构和认知结构，进而影响其对事物的价值判断和价值理解；另一方面，资讯获取的便捷性，以及新媒体上信息存储、复制的低成本，易使大学生在学习研究和独立思考上产生惰性。同时，由于新媒体中信息传播的碎片化、分众化、多元化、零散性等特征，使得大学生群体在长期的新媒体阅读中，也容易形成与之相应的思维方式。有学者调查结果显示，网络生活已经对学生的思维方式产生了影响。网络中对某一事件的多方位展示有利于学生形成更理性、全面的思维方式，但在如何综合整理这些信息上存在一定困难，并因此导致部分学生在价值观判断上不易生成清晰认识。除此之外，大学生长期进行以碎片化、跳跃式为主的新媒体阅读，久而久之也容易形成碎片化、非线性的思维方式，局限于零碎、杂乱的信息素材，使得知识结构和思维认知存在偏颇，影响其进行整体性和深度的思考。此外，新媒体环境为人们提供了感性直观的认知方式。"新媒体倾向于构建一个所有人都能直接体验的景观世界以取代真实世界，并引导人们以'所感即所得'的认知方式来获得知识并得到'即刻的心理满足'"。新媒体为人们提供了更加便捷、廉价，更具影响力的展示平台，各类在线图片、影音、直播等都给新媒体受众创造了一个又一个的景观世界，而在这些新媒体编织起的一幅幅"视觉"的感官世界中，人们不再通过逻辑分析的方法，而是通过视觉的感官即能直接体验和理解现实。

与传统媒体所具备的权威性相比较，新媒体在传播过程中会出现断章取义、信息碎片化等负面作用，这样在一定程度上会误导大学生的认知积累、价值判断，甚至会影响到他们的人生观、世界观、价值观的形成。媒体传播不当直接影响高校社会主义核心价值观教育的实效，甚至会影响到我国意识形态安全，因此仅靠新媒体来提高大学生思想政治教育效果是远远不够的。习近平总书记说："每一代青年都有自己的际遇和机缘，都要在自己所处的时代条件下谋划人生，创造历史。"当代大学生处在社会高度开放、自媒体极为便利的环境中，高校思政课需要因势利导，同时利用传统媒体与新媒体的优点，取长补短，助力社会主义核心价值观培育。

在媒介融合的背景下逐步发展并形成多种媒体共存的"融媒体"，并不等同于将多种媒体简单叠加，而是从竞争逐步趋向合作融合。中央全面深化改革领导小组第四次会议上提出融媒体概念即"融合发展的关键在于融为一体、合二为一，要尽快从相'加'阶段迈向相'融'阶段"，更是为融媒体的"融"指出路径和方法。大学生是新媒体使用的主要群体，他们信任新媒体、依赖新媒体，大量信息主要从新媒体获取，因此高校思想政治教育在"融媒体"的背景下既要利用新媒体的便捷优势，又要兼顾考量传统媒体的权威性、真实性和可靠性，发挥出两者的合力，加以社会主义核心价值观教育的理论指导，才能提高高校思想政治教育的实效性。党的二十大报告对高校思想政治教育实效性提出要求，国家也出台了《关于推动传统媒体和新兴媒体融合发展的指导意见》，用以推进媒体深度融合，将社会主义核心价值观教育落实、落细。

高校思政课社会主义核心价值观教育首先要以树立大学生中国特色社会主义的共同理想为主题。理想对个体来说是奋斗的目标，对一个政党、一个民族、一个国家则是前进的旗帜和方向。只有树立了共同理想，一个国家、一个民族才会形成强大的凝聚力，才能上下一心、精诚团结，展现出顽强的生命力。红色基因传承应该作为高校思政课社会主义核心价值观教育的重要内容。红色文化是我国先进文化的一部分，可以为思想政治教育提供丰富的教育资源。利用红色文化资源可以塑造人的精神世界，给人以强大的精神支撑。

在全球化的浪潮中，一方面，不同文明的交流促进了人类文化的传播；另一方面，多元文化不断冲击人们的精神世界，甚至部分人开始崇尚所谓的"洋"文化。其中，西方国家的文化渗透使得我国青少年的思想观念在一定程度上偏离了以往的价值体系。为了抵御这些不良影响，有必要深入研究红色文化资源的作用。在融媒体背景下，高校开展社会主义核心价值观教育出现了新的历史机遇，同时也面临新变化、新困境、新挑战。自媒体的便捷、直截了当，学生群体对融媒体的热爱等因素，为高校思政教育带来便利的宣传途径和广阔的传播空间。但同时在融媒体境遇下，高校的教学结构、学生的认知过程、教师角色、观念方法等转变又给高校社会主义核心价值观教育带来新的变化。传播效果、教育需求、教育环境、教育内容等的不协调又给高校社会主义核心价值观教育带来新的难题。高校开展社会主义核心价值观教育，必须从学校的实际出发，针对大学生思维活跃、易于接受新生事物的特点，通过思政课引领，将社会主义核心价值观的基本内涵、主要内容有机融入各门专业课，并渗透到教学计划和课程安排的各个环节，使学生喜闻乐见，欣然接受，这样才能内化于心，外化于行。高校社会主义核心价值观教育需要整体规划，统筹推进。党政领导、思政课老师、辅导员等都要努力提高自身知识修养、理论修养，把价值观教育全方位贯穿于教学、科研、管理等各个环节，全方位覆盖。高校社会主义核心价值观教育需要培育好引领者和示范者。对大学生影响最大的人是教师，影响最大的场所是线上线下的教室。因此，要努力建设一支德才兼备、与党同心同德的高校教师队伍，使老师在传道授业解惑的同时当好学生的精神导师，发挥知行合一、引领示范的表率作用，承担起凝魂聚气、强基固本的职责使命。高校社会主义核心价值观教育需要培育好接受者和主导者，必须以学生为本，积极营造自我教育的氛围和环境，使学生在自我认识、自我体验中提高认知能力、判断能力和选择能力，自觉接受社会主义核心价值观体系理论，真正形成思想共鸣，真正转化为自身的价值取向。

目录

第一章 媒体融合与高校思想政治教育概述 \ 001

第一节 媒体融合及其发展趋势 \ 003

第二节 高校思想政治教育的根本任务和载体 \ 009

第三节 新时代高校思想政治教育的供需内涵 \ 016

第四节 新时代高校思想政治教育供需关系研究 \ 025

第五节 媒体融合与高校思政教育的内在联系 \ 039

第六节 融媒体参与高校思想政治教育的理论依据和现实基础 \ 042

第二章 媒体融合背景下高校思政课社会主义核心价值观教育 \ 057

第一节 社会主义核心价值观 \ 059

第二节 社会主义核心价值观教育的紧迫性和可行性 \ 064

第三节 社会主义核心价值观教育目标 \ 068

第四节 社会主义核心价值观教育原则 \ 069

第五节 融媒体下高校社会主义核心价值观教育的新背景 \ 072

第六节 融媒体下高校社会主义核心价值观教育的新机遇 \ 075

第七节 媒体融合下高校社会主义核心价值观教育的挑战 \ 082

第八节　融媒体时代高校思想政治教育的话语权 \ 089

第三章　媒体融合背景下高校社会主义核心价值观教育的创新路径 \ 099

第一节　利用媒体融合的灵活性加强内容建设 \ 101

第二节　借助媒体融合的互动性构建教育主客体的双向交流模式 \ 108

第三节　运用媒体融合载体的多样性创新教育方式 \ 112

第四节　通过媒体融合的可控性建设生态化校园环境 \ 116

第五节　融媒体背景下高校网络思想政治教育的队伍创新 \ 119

第四章　媒体融合背景下高校思想政治教育载体建设 \ 125

第一节　高校思想政治教育载体的特点 \ 128

第二节　智能手机载体 \ 129

第三节　微博 \ 136

第四节　微信 \ 147

第五节　自媒体 \ 152

第六节　大数据 \ 155

第五章　结　语 \ 173

参考资料 \ 183

后　记 \ 189

第一章

媒体融合与高校思想政治教育概述

第一章　媒体融合与高校思想政治教育概述

第一节　媒体融合及其发展趋势

一、媒体融合的概念

媒体融合的英文名称是：media convergence，最初是传播学领域的理论词汇，是一种信息时代背景下媒介发展的理念，最早由尼古拉斯·尼葛洛庞蒂提出，后来随着信息技术的发展和社会环境的不断变化，广泛出现在社会各学科研究实践中。"媒体融合"的概念及定义诞生于国外。国内虽经过多年的发展，对媒体融合已经有一定的研究，取得了一些积极成果，但仍需要加强研究。

1978年，美国就由学者尼古拉·尼葛洛庞蒂（Nicholas Negroponte）将其定义为："媒介技术""媒介形式"和"媒介经营"三者相互交叠趋于重合的过程；1983年，普尔教授（Ithiel De Sola Pool）又将其定义为多种媒介的多功能一体化趋势。我国"媒体融合"的概念是在2005年由蔡雯教授提出的：媒体融合是指不同媒介形态的内容、传播渠道和媒介终端融合的过程。之后随着互联网的发展和科技的进步，媒体融合才逐渐进入人们视野，并在2014年中央全面深化改革领导小组通过的《关于推动传统媒体和新兴媒体融合发展的指导意见》（以下简称《指导意见》）中，成为大众关心的热点。通过分析百度指数发现，自《指导意见》发布以来，其指数高于平均搜索指数，并在2019年中共中央政治局第十二次集体学习之后达到顶峰。我国虽然在多次重要会议上深刻阐述推动媒体融合发展，并提出媒体融合发展的要求，但由于我国媒体融合的状态尚未完全成熟，仍有很大发展空间。因此厘清媒体融合的内涵，对我们探析媒体融合背景下高校思政课社会主义核心价值观教育意义重大。

二、媒体融合的内涵

媒体融合是传播学术语，指内容和媒介体系的综合，英文名称是"media"。融合最初运用于科学领域，是指覆盖、叠合，后来随着社会的发展而广泛应用于各个领域。从词汇上来看，融合随着时代的推移而不断发生变化。媒体融合不仅指媒体之间的简单相加，还指媒体之间深度融合，形成一加一大于一的效应。现如今，媒体融合指传播内容和媒介覆盖、叠合的过程，包含内容的覆盖和不同媒介形态的汇聚相融。一方面，内容的覆盖是指随着网络技术的发展，通过数字技术和推算功能优化资源，使信息海量化；另一方面，不同媒介形态的汇聚相融是指通过现阶段各种网端、终端、平台等，充分利用不同媒介的优势，形成新的媒体形态。例如，将传统的广播、报纸杂志和新媒体中的互联网、移动端等一系列个人终端优势相融，形成电子杂志、电子图书、论坛贴吧、网络视频等类型的新的媒体形态，通过渠道、技术、管理、终端和体系等的融合，实现不同媒介形态的汇聚和相融。从媒体融合的现实基础上来看，媒体融合是指依托数字网络技术，将传统媒体与新媒体不同层次和角度的个性和优势相结合，实现以增强媒介影响力和内容传输的有效传播，实现不同媒体之间的资源共享，如将传统的纸媒、电视等具有权威性、代表性的优势融合现阶段新媒体中的大数据技术、场景技术、VR技术、数字化技术、互联网技术等，实现不同媒体形态的平台、终端、内容、渠道等的优势互补、相互融合。

三、媒体融合的发展

媒体融合是一种通过各种媒体相互融合的手段最终实现全媒体化，不仅仅是信息采集渠道和传播通道的多元化，还能通过新媒体繁多的信息渠道，搜集整理不同媒体的原始素材，还原新闻全貌，提高新闻报道的质量和深度。作为一种新的传播方式，媒体融合营造了社会信息传播的新环境，它不仅仅是媒介技术不断发展的结果，也离不开我国国家政策的引领支撑。党的十八大以来，以习近平同志为核心的党中央，多次通过战略部署推动传统媒体与新媒体融合发展，创新了我国信息传播格局。我国媒体融合也进入了融合升级的新阶段。媒体融合不是一个固定的概念，也不是过去时、完成时，而是现在进行时，它的发展有一定的规律和趋势。互联网背景下高校思想政治教育和媒体融合之间有着必然联系，高校思想政治教育可丰富媒体融合发展的内容和价值，而媒体融合亦为高校思想政治教育提供和拓展新的载体。新时代高校思想政治教育担负着重大的使命和责任，不仅承担着立德树人的重任，还是筑牢社会主义意识形态、助力实现中华民族伟大复兴中国梦的重要阵地。

四、媒体融合发展特征

近年来随着互联网科技的发展，新媒体应运而生，并得以迅速发展，不仅冲击了社会各行业，也对传统媒体转型发展发挥着重要的推进作用，促使传统媒体为了适应时代需求，增强竞争力和营销力，不得不与各类网络媒体终端实现融合。媒体融合在不同的地方、不同的阶段有不同的发展特征，因此我们必须准确掌握国内媒体融合发展特征，根据我国媒体融合的个性化优势和实际情况探索高校思想政治教育工作的新路径。我国媒体融合发展主要是2016—2018年，在中央和地方媒体的积极带领下从内容和各类网络技术方面实现快速发展、深度融合、融合升级、多元融合的新态势。一方面利用传统媒体的权威性与系统性内容特点，保留主流媒体中优质内容的独有优势；另一方面利用网络技术结合移动客户端，创新传播方式，形成更具有竞争力和更适应社会传播需求和传播发展方向的体制机制。在媒体融合发展的过程中，我国互联网和传媒行业新的变化使媒体融合过程呈现出四个新的特征：一是"融合矩阵格局""融合传播"效果彰显；二是跨界融合不断深入，资源整合实现"内容＋"；三是移动优先，媒体与用户之间交互升级；四是融合集群，通过人工智能等壮大主流舆论阵地。分述如下：

1. 初现"融合矩阵格局"，"融合传播"效果彰显

"融合矩阵格局"是指平台矩阵、渠道矩阵、内容矩阵和传播矩阵。近年来，我国各种媒体融合矩阵格局初显。一些媒体还通过纸媒、网媒和掌媒等多

个系列的方阵实现全媒体融合。如报业融合矩阵格局中，自2016年以来基本完成报纸、网站、微博、微信群和客户端这五大终端的协同作业标配，各信息传播主体还在"两微N端"的矩阵布局中提升自身与用户间的互动交流。这样不仅能够促进双方信息流通，还能够准确定位彼此信息，打造传播的多重联动效应，彰显"融合传播"效果。

2. 跨界融合不断深入，资源整合实现"内容＋"

跨界融合是指互联网与传统产业或以前与互联网联系较少的行业相结合，是近年来发展的一个趋势，也是媒体融合由表入里、由浅入深的"生物式演化"。国家推行"三网融合"的政策来支撑跨界融合，增强多种媒介的公信力与引导力。我国媒体跨界融合经过2016年、2017年的发展已经初具规模，实现"内容＋"。2016年全面突破融合过程中的理念创新、运营机制、管理过程、文化思路、技术实践，实现全产业链改革。2017年继续推进媒体融合跨界经营，使具备多级渠道终端融合媒体更加多元，也促进了其他行业的信息化发展。如媒体行业与互联网、资本等的跨界合作，不仅有利于信息传播，助力其他行业发展，还能通过促进双方资源整合和内容结构优化，增加媒体融合内涵，达到传播与优质内容结合的效用最大化，实现"内容＋"。

3. 移动优先，媒体与用户之间交互升级

互联网的蓬勃发展促使媒体的发展融合也必须要适应移动化、社会化、视频化、立体化等的传播趋势，适应推动传统媒体内容优势与新媒体移动化、快捷化相结合的现实需求。2016年借助于媒体融合的优势，网络直播应运而生，被称为网络直播元年。中央和地方媒体借助于传播环境的新变化，借助直播趋势，增加与用户互动的功能，提高客户体验感，实现移动直播的信息传播转型，拉近信息传播者与信息接收者的关系，增加信息传播的双向互动性。

4. 融合集群，通过人工智能等壮大主流舆论阵地

媒体融合使得各种类型的媒体不断向移动客户端方向转型发展。自2016年以来，在媒体融合的过程中，逐渐搭建了以占领舆论阵地、抢占网络传播主导权、增强媒体舆论引导力的融合集群矩阵，并通过与人工智能的深度融

合,推出了创作H5、短视频"i思""小思"等新媒体产品,并通过传感器技术让信息传播更加人性化和个性化。各大媒体针对舆论热点应势而上,通过数据技术建立舆情工作室把握舆论走向,增强媒体集群的影响力。

2016年到2023年,我国媒体融合特征不断发生改变。这些变化不仅能够反映我国信息技术和传播格局的动态发展,还能准确把握我国媒体融合特征,正确引导当代大学生的主流价值观,使我国高校思想政治教育工作适应时代发展潮流,更加具有实效性。

五、我国媒体融合的发展趋势

中共中央政治局第十二次集体学习重要讲话,鲜明指出我国媒体融合发展的紧迫性和重要性。事实上,随着当今社会媒介化特征的彰显和"传媒的大时代"格局的凸显,传统媒体正在经历着巨大变局,推动媒体融合发展得到技术和政策上的有力支持,变得更加成熟、更加深刻。

1. 媒体融合技术的成熟不断推动传播格局的新变化

我国媒体融合技术自2014年开始,经过几年来的不断发展,不断地推动传播格局发生变化,具体经历了2014年的起始阶段、2015年至2016年的深刻变革时期、直到2016年至2017年的深度融合、多元融合、融合升级的新阶段。其研究成果在数量和质量都有较大提升,研究范围涉及各个领域,并逐步深入微平台和网络端用户的学习生活中。各种媒体由简单的物理变化相加转化到深度相融相生,不断进行内容建设和技术革新,推动了我国传播格局新变化,优化了舆论生态环境。媒体发展的重要手段和趋势也转向新兴技术融合创新,并逐步渗透到信息生产、传播及互动的各个环节。各种新型平台的不断涌出,不仅革新了媒体信息生产和传播的形式,还有效拓展了媒体融合背景下各类信息的传播影响力,如通过运用H5页面、视频、大数据、VR/AR/MR、全景视频使信息内容生产与运作的多样性增加,4K超高清屏幕、3D与5D新产品的研发及投入使用,有效改善了用户的沉浸式体验。

2. 国家政策引领媒体融合持续发展,并赋予其新使命

网络已成为意识形态斗争的重要阵地和最前沿。自2013年以来,以

习近平同志为核心的党中央，明确表示出对我国网络建设和舆论工作的重视，并多次部署，为媒体融合指明前进方向。2013年全国宣传思想工作会议上，针对加大思想宣传力度，掌握在网络信息传播上的舆论主战场主动权问题，习近平明确强调："思想宣传工作必须正视年轻人主要通过网络获取信息，基本忽视主流媒体的这个事实。"2014年针对媒体融合发展问题，习近平再次强调："媒体融合的发展，要一手抓融合，一手抓管理，确保其推进的正确方向，从而增强公信力、传播力和影响力。"2015年，习近平视察解放军报社时强调："宣传思想工作的触角要伸向受众。"2016年，在对党的新闻舆论工作作出指示时，习近平强调媒体融合发展对思想宣传工作的重要性，并对媒体融合做出深刻阐释：在做舆论工作时，要充分考虑到分众化、差异化的传播优势，积极适应它，主动借助新媒体，促进媒体融合从"相加"变"相融"，达到"你就是我、我就是你"。2018年全国网络安全和信息化工作会议上，针对媒体融合和产业数字化，习近平特别强调："推进网络强国建设，推动互联网、大数据、人工智能和实体经济的深度融合，充分利用网络技术开展理想信念教育。"同年在向世界互联网大会开幕式致贺信中，习近平指出网络技术和数字技术的发展对于世界科技革命和产业变革的重要性。

自2001年以来，在国务院指导下，传统媒体与网络媒体连续举办中国网络媒体论坛。2018年第十八届中国网络媒体论坛，以"智能互联时代的媒体变革与发展"为主题。中国主流媒体——人民日报社根据其在时局变化中的发展，提出对当今融媒体的看法，并提出："融合能让最大的变量变成最大的增量。"之后，《人民日报社》与B站签署了战略合作框架协议，成立媒体融合公益基金，以融合的手段壮大了舆论的主流阵地。

2018年在全国宣传思想工作会议的推动下，各地区将主流舆论阵地转向基层，启动了县级融媒体中心建设，深入打造基层舆论阵地，将传播范围拓展到我国的各个角落。2019年第十二次中共中央政治局集体学习中，提出理论联系实践，通过实际观察、体验，将高校思想政治教育"课堂"设置在媒体融合发展的前线，突出媒体融合发展的紧迫性。

媒体融合不仅是党中央、国务院重点关注的事情，而且是人们的现实需要。融媒体背景下，高校思想政治教育工作需要贴合实际，结合学生特点和教学目标与任务，发挥好融合媒体的重要作用，为学生传递正确的信息，在校园中为学生营造良好的舆论氛围和融合环境，引导学生树立正确的人生观、世界观、价值观，促进人的全面发展。

第二节　高校思想政治教育的根本任务和载体

高校思想政治教育是我国高等教育之中极为重要的一环，它在很大程度上决定了高校培养什么样的人以及培养的方法和人才输出这些问题，是社会主义精神文明建设的关键内容，是中国共产党的优势所在。良好的思想政治教育有利于培养品德优良的人，从而助力实现中华民族伟大复兴的中国梦和保障我国长治久安。基于以上原因，党中央高度重视我国高校思想政治教育的创新性发展，对高校思想政治教育的工作方法进行了深刻总结，要求抓住事务、解疑释惑；抓住时机、谋求发展；抓住大势、创新发展。对思想政治教育的理论和实践进行总结和提升。立德树人是我国高校思想政治教育工作的核心环节，它引领着我国高校思想政治教育工作的方向，紧紧把握立德树人这一根本任务，是新时代高校思想政治教育顺利开展的基础。

一、立德树人是高校思想政治教育的根本任务

在社会主义现代化建设中，高校思想政治教育承担着极为重要的任务，它是实现思政教育根本目标的基本保证。"立德树人"这一概念最早在党的十八大中被首次写入会议报告中，并提出了"教育的根本目标就是立德树人"。在2016年的全国高校思想政治工作会议上提出，我国思政教育工作的重心就是"立德树人"，工作的开展应该紧紧围绕这一根本任务。这一内容在党的十八届三中全会和2018年的全国教育大会中也有明确的提及。党的二十大报告中再次强调：在推进教育事业的发展过程中，要坚持"立德树人"这一根本目标。

教育的目的就是培养人，培养什么样的人就是教育首要考虑的问题。思想政治教育是某个阶级或者政党，抑或是社会群体，依据人们的思想品德发展形成的规律，通过一定的思想观念和道德规范对其成员进行一定程度的、有计划的、有组织的约束，使群体成为符合政党、阶级所需要的思想品德的社会实践群体。由于我国的国情和历史文化背景，决定了我国高校是中国特色社会主义高校。在党的领导下，培养一批批中国特色社会主义的接班人和社会主义事业的建设者，是高校的使命。

从一方面来说，"立德树人"是思想政治教育工作的出发点，是高校思想政治教育的核心内容。思政教育工作者需要深刻把握"立德树人"的内在含义，牢牢把握时代赋予的教育任务，其中富含强烈的阶级性和政治性。另一方面，立德树人这一根本任务是悠久历史积淀的产物，是我国优秀传统文化在教育事业领域的传承与延续。大学之道，在明明德，在亲民，在止于至善。这句话就充分体现了我国古代先贤对于立德树人这一教育任务的肯定和弘扬。所谓"立德"就是确立崇高的思想道德品质，而"树人"就是培养高素质的人才，合起来就是培养具有崇高思想品德和高素质的人才，这是我国教育从古至今的核心内容，是中华优秀传统文化的特色。崇高的品德要求拥有良好的行为习惯和积极的精神追求。从古至今，无数先贤不断追求着理想人格，努力践行自己的精神追求，这些都是我国社会主义核心价值观的价值体现。

2019年的全国教育大会强调：我国高校培养的高素质人才应该要勇于承担责任担当，坚定共产主义信仰不动摇，积极为中国特色社会主义事业不断奋斗，实现中华民族伟大复兴的中国梦。高校思想政治教育要始终牢牢坚持"立德树人"这一根本任务不动摇。此举不仅有利于学生形成个人的理想人格，还有利于学生正确地认识到自己应该承担的社会责任，促使学生与社会现实相融合，更加全面地发展，从而实现高校思想政治教育的目标。

作为新时期意识形态工作的前沿阵地，高校面临着更为严峻的考验，培养什么样的人、怎样培养人、为谁培养人，这些都是必须考虑的问题。外来文化思想，以及信息化社会和市场经济的影响，这些都对高校学生的思想产生一定的冲击，基于如此现状，要求高校学生树立崇高的理想信念，树立正确的价值观、世界观、人生观，拥有坚定不移的政治方向。培养思想政治素质就是培养人的核心素质。高校思想政治教育工作要始终坚持以德育为先，责任为本，认清两者之间的辩证关系，坚持以立德为前提、以树人为目标，将高校思想政治教育的作用发挥到最大程度。强化学生的理想信念，提升其责任意识，培养一批批拥有高等素质的大学生，为努力实现中国特色社会主义现代化、为中华民族伟大复兴而不懈奋斗。

二、高校思想政治教育的载体

高校思想政治教育的载体，是指将思想政治因素作用于高校思想政治教育、且两者之间相互作用的一种思想政治教育活动形式。高校思想政治教育的目的，就是向教育客体输送正确的思想和价值观，引导学生的行为习惯，丰富其价值体系，强化其思辨能力。要实现这一目标，就离不开一定的载体的作用。必须通过不同形式的载体，实现相关的教育任务和教育目标，实现教育内容和教育客体之间的双向互动，从而达到提高教育有效性的目标，实现教育目的，完成"立德树人"这一教育任务。载体在此过程中充当着极为重要的角色，它是高校思想政治教育的基本要素，是综合组织形式、活动形式以及联系各要素的枢纽。高校思想政治教育要求积极运用载体，开展思想政治教育活动。

高校思想政治教育载体的实践性和发展性，决定了载体的形式是多元的、不断变化的，载体也是由少变多，不断丰富的。它不仅包含了早期的报纸、广播、电视之类的传统载体，也随着近来信息技术不断地发展，形成了新兴的网络载体，其中包含了像微博、微视频之类的微载体和客户端、平台等新兴载体。这些载体带来的诸如大数据、云计算、VR技术等新功能，增强了思想政治教育载体的时代性以及载体的客观性。思想政治教育载体依据不同的划分标准，被分为了不同的类型。最常见的就是郑永廷和张耀灿对教育载体的划分标准，其板块大致可以分为：管理、活动、传媒、文化、网络等。这里讨论的是在媒体融合的大背景下，高校思想政治教育路径的相关改革，所以讨论的重点放在文化载体、传媒载体和网络载体这三个板块上。

文化载体指的是运用文化产品、环境、氛围等文化方式承载思政教育的内容，利用文化载体同时也是寓教于文的体现。在媒体融合的大背景下，信息的传播具有即时性、海量化等特点，这对于高校思想政治教育内容的传播有着正反两方面的影响。一方面，高校思想政治教育可以依靠这些文化载体快速地传播，并使教育内容具有一定的生动趣味性，使同一个教育理论有了不同的表现形式，从而吸引学生进行思想政治教育。从另一方面来看，高校思想政治教育内容在不同程度上受到了其他外来文化的冲击，一定程度上降低了其影响力。

高校思想政治教育的传媒载体是指充分利用现代传媒媒介传输教育内容，帮助教育客体获取广泛的信息，在信息获取的同时接受思想政治教育。现代传媒载体对提高高校学生的思想道德素质起到很大的积极作用，也提升了高校学生的科学文化素养，从而达到高校思想政治教育预期的效果。因为媒体融合在不断发展进步，大学生获取信息的途径在不断增多，大力构建思想政治教育平台也体现了高校思想政治教育传媒载体的重要性。面对信息化社会带来的媒体融合，高校学生作为使用新媒体次数最多的群体，他们的思维方式和生活方式很大程度上受到了影响并产生了变化，呈现出多元化的趋势。传媒载体是思想政治教育的现代媒体，高校思想政治教育的创新发展必须依托传媒载体，通过传媒载体，思政教育的感染力和渗透力才能够被放大。

网络载体主要依靠互联网等网络技术建立高校思想政治教育平台，并开展相关的思想政治教育活动，充分运用隐性教育的教学方法，从而实现思想政治教育"立德树人"的根本目标。高校思想政治教育网络交流平台凭借互联网技术的发展也更进一步，像慕课、易班、学习通此类的教育平台借助互联网技术实现了远程教育，在传播思想政治教育内容时，可以忽视时间和空间的限制，使得教育更加具有普遍性；除此之外，平台关注、评论、转发之类的功能是对思想政治教育过程中主体和客体之间交流的巨大创新，有利于帮助教育者及时、准确地了解被教育者的发展情况，并针对出现的问题，提出专业、合理的教育解决方法,这样可以有效弥补传统教育存在的缺陷,使思想政治教育的亲和性得到增强。

媒体融合的发展对高校思想政治教育载体的形式起到了丰富补充的作用,很好地增强了高校思想政治教育内容的趣味性,有利于提升高校思想政治教育的效果,对高校思想政治教育内容的传播起到了促进作用,并且使更多的人有机会接受高校思想政治教育。通过高校思想政治教育的传媒载体和网络载体,高校学生通过QQ、微信、微博等工具对教育内容发表自己独到的见解,和大家一起交流讨论,有利于充分发挥高校这一意识形态阵地的作用。因此,在开展高校思想政治教育工作时,需要注意充分运用融合载体。

三、融媒体视域下高校思想政治教育发展的阶段性特征

网络应用是目前高校思想政治不可缺少的教育手段之一。从传统媒体发展到网络媒体,再到如今自媒体的出现,高校网络思想政治教育不断创新发展,从以往以教师为主体单方面传输知识,到如今以学生为主体、让学生形成自主的学习习惯,这样的模式转变,充分利用了学生的主观能动性,实现学生的自我教育和发展。

1. 传统媒体视域下的高校思想政治教育

深入开展高校思想政治教育,要深入了解传统媒体的概念与范围。所谓传统媒体,就是通过一系列传统宣传方式来进行传播信息以及娱乐活动的方式,而传播信息恰恰是思想政治教育进行过程中不可缺少的一环,所以媒体平台相当重要。以往的教育因缺少传播平台,而导致教育成效具有一定的局限性。

报刊作为传统传播信息平台的重要载体,便于保存,易于掌控,在传播信息方面,能够将所要传播的内容完整无误地传授给受教育者,可信度较高,成为高校思想政治教育中的主要教育方式。

广播在报刊之后出现并且迅速发展,其传播区域广、速度快的优点对于高校思政教育的传播带来很大的帮助。相比于报刊,广播以声音的特点来增强受教育者的教育体验。在当今科技迅猛发展的社会,广播也在不断地发展。基本

上，每所高校都有属于自己的广播组织，使学生在课余时间也能感受到教育别样的魅力，既丰富了学生的课余生活，又能陶冶学生的情操，提高学生的综合素养。

电视作为传统媒体的核心载体，其在思政教育平台中具有不可动摇的地位。电视利用视听结合的方式，让学生真切直观地接受教育，更有利于提高学生接受教育的兴趣，极大地提高了学生参与教育活动的积极性。另外，电视中的人物的一言一行，往往能在潜移默化中影响到受教育者。

总而言之，传统媒体充分发挥其直观的优势，将高校思政教育内容更加直接地展现在受教育者面前，使得教育者与受教育者的关系日益紧密。在当今社会，虽然新兴媒体正在蓬勃发展，不断冲击着传统媒体在高校思政教育中的领军地位，然而传统媒体因其本身特性，在高校思政教育中仍具有不可撼动的地位。

2. 网络媒体视域下的高校思想政治教育

以往高校思政教育单调乏味，网络媒体的出现，为思政教育带来转机。网络媒体所具有的时效性使得信息成了每个人都可以拥有的事物。在高校思政教育中，网络媒体具有教育资源共享的特点，可以让教师深入了解学生的心理活动，从而有利于教育活动的展开，同时也能让学生接受均等教育。

网络媒体作为一个开放性的平台，以其平等性和互动性著称，用户可以在这个平台上自由平等地互动交流。高校思政教育可以借助这一优势，鼓励学生网上学习，增强学生与老师的互动交流，促进高校网络思政教育的发展。

网络媒体形式多样、内容丰富多彩，易于吸引大学生的眼球，可以极大程度地调动大学生受教育的积极性，让大学生在网络媒体平台养成自主学习的好习惯。越来越多的大学生受网络媒体的影响，通过自主学习，并且在学习过程中保持一个良好的心态，从而达到更好的学习效果，更容易接受高校思想政治教育。

此外，网络媒体本身所具有的时效性和共享性，使得广大学生群体更能接受高校思想政治教育。在此基础上，高校思政教育的内容也随之丰富，所涉及的范围越来越广泛，这就加快了高校思想政治教育在大学生群体中的社会化脚步，让高校思想政治教育融入社会各界共同发展的工作中去。

3. 自媒体视域下的高校思想政治教育

自媒体，也就是自己所用的媒体，言外之意就是每个人都可以拥有自媒体。现阶段最普及的自媒体平台有微博、微信、抖音、豆瓣等网络平台。

当今社会，每个公民在网络媒体上都享有言论自由权。利用自媒体的优势，进行高校思想政治教育，可以让学生自主学习，及时获取教育信息。另外，学生也可在自媒体上自由地发表自己的观点和见解。然而，中国的自媒体发展得还不健全，相关政策也有待完善。有些网民更是在自媒体平台上胡编乱造，导致平台信息良莠不齐。高校学生社会阅历有限，往往很难辨别信息的真假，容易使学生受到不良信息的蛊惑。因此，当务之急是要完善相关法律，提高大学生的网络素养。

如今的高校思想政治教育，基于自媒体的不断发展，教育内容丰富多彩。自媒体为师生之间构筑了一道交流的桥梁。在自媒体平台上，校园信息得到了及时有效的传播，学生也能更加方便快捷地和教师交流，真正意义上实现了师生之间交流的开放性与平等性。另外，良好的自媒体平台，也为学生培养了良好的信息利用能力和信息判断能力，极大地激发了学生接受教育的兴趣，为学生接受思政教育提供了基本保障。除此以外，相较于传统教育，自媒体平台上的课堂更能贴近学生，使学生成为教育的主体，更加符合当代教育发展的需求。同时借助自媒体，师生间的交流也能实现平等，摒弃以往教育者与被教育者的主次关系，让师生成为互相接受和传播信息的平等参与者。

同时自媒体也使高校思政教育形式发生了改变，对思政教育提出了更高的要求。在自媒体平台上，师生间的交流增加，这就需要老师抛弃以往施教者的姿态，运用更多实例教育学生，调动起学生的学习兴趣，增强亲和力，达到更好的教学效果。另外，自媒体领域发展迅速，教师也应紧随自媒体的脚步，将自媒体融入日常教学中去，积极学习新的自媒体技术。作为教师，要充分发挥指导学生的作用，帮助学生树立良好的辨别能力，引导学生合理利用网络资源进行学习。此外，日新月异的自媒体让学生的价值需求改变，当代学生敢于创新，积极吸取新鲜事物，思维开拓创新、丰富多样，教师应针对每一位学生个体进行教育，避免枯燥乏味的教学，从而达到更好的教学效果。

第三节 新时代高校思想政治教育的供需内涵

随着新时代的到来，高校思想政治教育也在随着中国社会的发展而不断前进。社会不断变迁，高校思想政治教育也应紧跟需求，在发展中发展，从而适应新时代的变迁。大学生是高校思想政治教育的主体，高校要及时满足他们的成长需求，提供基本教育保障。以供给充足、满足需求为基础，精准把握高校思想政治教育的任务，明确高校思想政治教育的目标，深入研究高校思想政治教育中供给与需求的关系。

一、新时代高校思想政治教育供给

从供给的角度来看，首先要弄清新时代对高校思想政治教育供给的需求，了解供给特征。新时代高校思想政治教育供给需要灵活多变、不拘一格，因此高校的思想政治工作要及时调整方式方法，以适应新时代的发展，满足大学生的需求。

1. 供给的内涵

为了更好表达教育实施者与接受者的关系，本书引入经济学的概念，运用高校思想政治教育供给这一名词，将马克思主义理论与经济学两大理论相结合，来更好地阐释高校思想政治教育。要了解高校思想政治教育供给，首先要了解"供给"的含义。经济学中，供给指生产者以一定的价格出售某种商品的数量，拆分这句话，我们便可得知，供给是以生产者为主体，供给手段是出售，供给事物是商品，供给衡量依据是数量。综上所述，在经济学中，供给主要是针对商品的生产和出售环节，而针对供给，需要注意的是生产者供给的目的以及生产者所能供给的数量。另外，需要指出的是，在供给数量方面，马克思曾要求供给不单单需要注重商品的数量，更要注重商品的质量，将两者相结合才能看出供给的真正效果。而且，供给与需求的关系密不可分。需求是人的需求，是人类的本质。为了满足人的需求，才产生了供给。因此，人的需求问题的解决往往离不开供给的解决，这就导致供给涉及的范围扩大。在教育学领域中，供给是指学校提供教育的机会和内容，这也为供给在思想政治教育中的发展提供了基本保障。高校思想政治教育，顾名思义，就是在教学过程中运用思想政治理论来对学生进行教育，让学生正确认识社会主义核心价值观。

基于这种事实，在分析供给问题时，需要注意四个方面：第一，供给的主体。高校思想政治教育供给，实施者主要是高校思想政治工作者，接受者主要是大学生群体。第二，供给的目的。供给往往与需求相对应，那么，高校思想政治教育供给就是为了满足大学生对于思想活动、政治理论上的需求，其目的是提高大学生的综合素养。第三，供给的内容。高校思想政治教育供给为大学生提供一系列思想观点、政治理论，属于社会主义核心价值观体系。第四，供给的方式。通过开展教育活动，发挥教育作用，以各种各样的课程形式，为大学生传递正确的思想政治理论。总的来说，高校思想政治教育需要四者相互协同配合，才能达到更好的教学成果。

在这个基础上，我们可以得出结论，高校思想政治教育供给是高校思想政治教育为了满足大学生对于思想政治的需求而开展的一系列教育活动。新时代的到来，要求高校将着眼点放在大学生自身的发展需求上，确保大学生在新时代的健康发展。总的来说，就是新时代高校思想政治教育供给为广大大学生的健康成长提供基本的思想政治保障。

2.供给的特征

明确高校思想政治教育供给所呈现出来的特征，有助于进一步了解高校思想政治教育供给的本质。高校思想政治教育供给的特征主要有三个：导向性、系统性和功能集成性。

（1）导向性

所谓导向性，就是指高校思想政治教育供给在进行过程中，对思想政治教育起到的正确引领作用。在新时代的背景下，经济、文化多元化纷呈，这就更加要求高校思想政治教育供给发挥正确的引导作用。

发挥导向作用要做到三个方面：第一，社会方面。"坚持和发展什么样的中国特色社会主义，怎样坚持和发展中国特色社会主义"是新时代所面临的新课题。在中国特色社会主义条件下，高校思想政治教育供给要引领学生树立正确的核心价值观，引导学生做出对社会有益的事。第二，高校方面。各高校应始终坚持党的领导，贯彻马克思主义，树立正确的政治立场，创办中国特色社会主义高校。与此同时，要利用好思想政治教育来推进"双一流"大学的建设。第三，大学生自身方面。大学生要把握好时代脉搏，积极接受高校思想政治教育供给，在高校思想政治教育的引导下，走向正确的成长成才道路。

综上所述，人的需求会随着时代的发展而不断产生、不断变化。高校作为社会培养人才的主要平台，应以造福社会为目的，培育有助于社会的人才，而对于新时代的大学生自身而言，对于成长为有益于社会的时代青年，是其内心需求外化的表现，为高校思想政治教育供给指明了方向。

（2）系统性

系统性主要是指高校思想政治教育的整体性。作为完整的教育体系，高校思想政治教育是由多个部分所构成的统一体。系统性注重部分之间的相互关系，要求各部分协同合作，共同发展，来更好地发挥整体的作用。

具体来说，供给要素的系统性主要分为内部和外部两个方面。高校思想政治教育供给是一个具有统一性的整体，一方面，其内部由多个复杂的环节构成。从供给的主体来说，主体之间应该以思想政治教育供给系统为基础，相互联系，共同发展。另外，对于供给内容而言，高校思想政治教育供给应该给学生提供完整教育内容，建立完整的教育体系，循序渐进地教育学生，确保学生得到健康发展。

另一方面，供给要素的外部同样需要具有系统性。供给要素外部与内部一样，都是需要相互关系、协同发展的，高校思想政治教育活动实践的成果往往取决于供给要素之间是否配合紧密。在供给要素之间应形成密切联系，以达成预期的效果，如若不然，则会导致不好的结果。

除此以外，从供给方式上来说，供给方式应与时代相适应，符合时代需求，这样才能达到良好的供给效果；从供给内容来说，供给内容要与供给方式相吻合，才能做到与方式协同的良好的结果。供给内容与供给方式是否相符，也在一定程度上影响着教育成果。

（3）功能集成性

功能集成性就是将高校思想政治教育的各种功能相结合，发挥最大作用，达到预期目标的特性。要想实现功能集成性就要将社会与个人相结合，符合高校思想政治教育发展需求，来更好地实现教育的发展。

不同时期，高校思想政治教育有不同特点。在革命战争时期，党为了发挥高校思想政治教育的政治功能，主要让学生投身于革命事业中去。在改革开放时期，国家主要发挥思想政治教育的经济功能，让学生投身于社会主义现代化建设中。而到了新时代，思想政治教育就不仅仅是在政治和经济上发挥作用，同时涉及多个领域，要求思想政治教育在多个领域共同促进社会发展。另外，在新时代，大学生的自身需求成为重点关注对象，个体性功能的实现提上日程。为了能在原有个体的基础上实现新的突破，高校思想政治教育要回到更加关注当代大学生的生活性功能上来。另外，社会性与个体性是相辅相成的，在发展社会性的同时不能忽略了个体性的发展；同理，发展个体性也不能脱离了社会的基本需求。两者的目的都是为了社会的健康发展。因此，个体性与社会性需要相辅相成，协同发展，实现功能集成性。

二、新时代思政教育的变化

新时代的快速发展，使得思政教育在高校中的实施过程中，出现了许多新的要求。因此，高校在面对这样的局面时，就不得不在自身方面做出调整，这样才能在新时代的背景下更好地适应。

1."单一化供给"向"多元化发展"的转化

在新时代的大背景下，我国高校的思政教育已经不再是单一化的形式，而更多的是将供给侧的构成元素作多元化处理，使得高校在思政教育供给侧必须向多元化方向发展。这主要体现在四个方面：第一，供给的主体由单一指定人群转向了全员。原先，从事高校思政教育的主体主要是思想政治方面的老师和辅导员之类的，现在，思政教育转向教师全员，人员构成更加具体和丰富。这样的人群变得更为庞大，成为将思政供给侧的对象塑造成时代新人的强大的建设力量。第二，供给侧由单一变为复合化。原本的思政教育，最主要的就是知识和思想的传输。但是，现在，这样的内容已经不能够真正体现新时代对于高校思政教育方面的要求，所以，高校在选择思政教育路径方面，还要增加一些更加贴近学生生活的形式，从而在生活中更好地帮助他们实现知与行的合一。第三，供给内容的多元化发展。随着新时代各种传播渠道的飞速发展，学校能很便捷地做到在供给时选择更多层次的知识，使得接受者可以得到更多层次的提升。第四，供给方式的丰富化。原先惯用的单纯的知识传播较为固化，应随着时代发展不断拓展传播方式和内容，而新时代下发展起来的新媒体，使得知识传播产生了质的飞跃。高校思政教育借助新媒体，为其教育功能开发和创造提供了无限可能。

2."全面施工"模式向"内部精装"模式的转变

上面所说到的传播模式的多样化发展，始终只是在相关范围和相关方面上的发展，在程度上的发展仍然是不够的。尽管目前大部分高校学生认为思想政治教育极为必要，对他们的知识和思想层次的提升有着极大的帮助，但是，仍然有部分学生在对学校的思想政治教育评价时，给出很低的评分。这样的现象至少说明，现存的思想政治教育在质量和深度上，还是存在着一些问题的。在下一步的发展改进之中，高校供给方不仅要关注数量，更要注重质量和深度。这就是我们所说的，要从"全面施工"转变为"内部精装"。全面施工式地传播知识，可以在初期打好思政教育的基础，但要想真正实现新时代下的思政教育目标，就必须要做到供给质量的集中化提升。这样的转变过程是极其具有挑战性的。其中最关键的点，是要实现思想政治教育对于学生内心精神品质的塑造，真正使得高校思想政治建设由"全面施工"转变为"内部精装"，这是值得所有高校思政教育工作者认真思考和深入研究的重大课题。

三、新时代高校思想政治教育发展的需要

要满足学生思想政治学习的需求，就需要高校能及时提供优质高效的供给，通过提升质量来满足学生需求。

1. 需求的内涵

要想提升面向学生的思想政治相关知识和具体实际行动的供给质量，首先必须充分了解和研究新时代高校思想政治教育需求的具体内涵，而对其内涵的充分解读，一般是要借助于经济学的相关理论。在经济学中，需求是指需求者在其购买能力范围之内根据自己的物质和精神需要，去购买的一些商品或者劳务活动。顾名思义，需求的主体必然是那些消费者。作为这样的群体，在实现其需求中，必然会遇上许多自身带来的限制条件，其中最为关键的便是消费者的消费意愿和消费能力。在将这两点考虑进来后，针对需求者的改进极为复杂。马克思曾说过："需求等于这同一种商品的买者或消费者（包括个人消费和生产消费）的总和。"马克思把生产消费纳入需求之中，意味着他认为商品生产过程中的消费需求本身也是需求的一种，就如同商品消费的需求属于需求一样。商品消费是一般消费，商品消费者的需求是一般需求。商品生产过程中的消费是另外一种消费，商品生产者的需求是另外一种需求。这就是说，生产者虽然满足了需求者的要求，但其自身也是一种需求者，只是跟需求者只买自己意愿和能力之内的商品或劳务不同，生产者的需求则是要使在自己生产环节之中所生产出来的物品都能充分发挥作用，都能被应用到市场中去。这是生产要素之所以能被生产出来的关键所在，但更关键的其实是体现出这样一个事实：即使是意愿不同所导致的结果不同，最终都会归结于对人自身的相应需求的满足。这也就导致了在社会发展实践过程中，最关键的是要关注人的需求，并保证能充分满足人的需求。将这种思想应用于高校的思想政治教育方面，首先是高校思政教育要能够清楚知道在供给思想政治教育时所面对的需求具体是什么，分类是什么。对于高校思想政治教育的要求，是社会和个人两个层面所带来的。其中，社会需求主要是在社会的发展过程中，需要不断完善人才空缺的补充和新领域人才的引入。对于人才的高需求，就是对于思

想政治教育的高标准化的具体体现。"凝聚思想共识、维持道德秩序、促进价值认同、推进社会动员、延续文化传统、提供决策咨询等方面"作为社会主要宣传点，就成为高校进行思想政治教育时最为关键和主要的参考标准了。个人方面的需求，则是大学生在自身的发展和成长的过程中所产生的需求。大学生在成长的过程中会有自己的体会和阅历，这些都帮助他们形成了自己的观念和想法。这样的观念和想法在现实中的体现，便是在接受思想教育时会有自己的看法和需求，追求接受高水平的思想政治教育。就如同陈万柏和张耀灿先生所说的，"个体生存功能、个体发展功能和个体享用功能"，这些都是在结合了学生对于当下思想政治教育的要求所提出的基本标准。无论是大学生群体还是个体，最重要的都是要实现对于思想政治教育的全方位提升，最终满足需求。

2. 需求的特征

新时代，由于社会和学生对思想政治教育质量的要求大幅提升，这也使高校作为思想政治教育的供给方必须关注其时代特征。目前最主要的时代特征是多元性、流变性和边际效用性这三种特征。

（1）多元性

新时代下的大学生在面对社会的发展以及当下人们的生活现状，有着自己的看法和思考。其中最关键的，还是对自己内在品质提升的渴望，因而对高校思想政治教育要求极具个性化。这就使得思想政治教育在宏观上必须和时代特征紧密相联，从而帮助学生们更好地了解时代和社会的发展，有助于实现对社会所需人才的补充；再从大学生的思想政治层面来看，培养新时代需要的大学生思想道德，仅靠学生自己是远远不够的，更多的是要有学校对学生的教育指引。在确立了方向后，坚定信念，锤炼超强的意志力，通过理想信念、能力本领、担当精神等层面的高等教育，完成"思想通达之感、政治清醒之感、道德成熟之感、心理和谐之感、价值认同之感、精神归依之感"等精神品质的养成，这样才是实现了高校思想政治教育的最大价值。

（2）流变性

当代新媒体和网络技术高速发展，产生了许多热门的传播交流软件，如快手、抖音等，这样开放的环境使得学生思维活跃，视野开阔。虽然青年大学生对于人和事的看法会有许多不足或者偏见，但是面对国内外思想文化的交汇冲击，还是较为敏感的，且能够及时给出反应和看法。再加上网络的快速和便捷，学生在对外交流时能够利用本身极强的学习和掌握能力，吸收很多新颖的内容。但是，由于大学生正确的价值观尚未完全建立，面对铺天盖地的网络信息缺乏准确的甄别，容易导致他们一下子迷失自我，从而忽略自身的思考和判断，陷入思维困境。在外界的动态变化影响下，可能无法形成强大牢固的思想道德体系，难以担当起建设社会和国家的责任。这种流变性特征，需要高校思政教育予以足够重视。

（3）边际效用性

边际效用是经济学的概念，主要包含边际效用递增和递减这两种变化规律，反映事物的数量有限和质量无限的辩证统一关系。这一辩证统一关系在高校思想政治教育中同样适用。在高校思政教育中，学生对思想政治的认识，符合对于思想政治建设的需求呈现质量无限性和数量有限性的辩证统一。这就是经济学的边际效用在高校思想政治教育中的体现。

质量的无限性，指的就是在大学生接受思想政治教育时，面对自身情况产生的需求是无限的。从发展的角度来看，无限性质使得学生的思政教育需求从内容及方向来说是无穷的，但是这样的质的无穷性，不是单靠多供给思想道德教育的数量就可以解决，更关键的是要实现数量和质量的统一。用经济学中的边际效用来说明，大学生作为思政教育活动的需求方，边际效用递增的规律，可以体现在数量增加，从而带动学生对于需求满足程度的增加。但是，若一味增加数量，就可能使得边际效用递减，即：虽然数量增加，对于学生的影响力却呈现的是负影响。所以，当前高校在思想政治教育方面，质与量难以有效结合是较为普遍存在的问题。高校目前往往注重数量的提升，而忽视了对于质量的同步提升，最后使得教育资源和需求不对等，产生内容重复无效化等问题，无法与新时代的大学生的真正需求联系在一起。为此，高校方面要及时做到针对性地"优化增量""盘活存量"和"提高质量"。

3. 需求的变化

新时代高校思政教育面临着由"物质文化需要"向"美好生活需要"、由"四有新人"向"时代新人"的转变。对这样的教育形势，需要及时做出具体透彻的分析和把握。

（1）"物质文化需要"向"美好生活需要"的转变

新时代下人们的需求内容，已经由对于物质文化的追求，变成了对美好精神世界和美好生活的需求。这样的转变，追根究底是对于需求层次的认知和提升。骆郁廷先生将人的精神需要，划分为"精神生存需要、精神发展需要和精神完善需要"三个层次。这种划分体现了人的精神需求在自身和外界存在不同层次，这样的层次主要是社会发展和个人发展共同影响的结果。这同样是大学生群体发展的必然结果，体现了个人和时代的联系越来越紧密条件之下，需求总会由低层次的愿望，向高质量的精神层次转变。由此，高校思政教育应与时俱进，观照新时代大学生思想道德建设的客观需求，以满足其美好精神需求为根本目标，不断建设和提升思想政治教育的精神境界。

（2）"四有新人"向"时代新人"的转变

新时代形势下，大学生会对自己所接受的思想政治教育有新的需求，随之需要党和国家对于高校思想政治教育以及与之对应的人才培养方向的指导，最为重要的是"时代新人"的育人目标。"高校思想政治工作关系高校培养什么样的人、如何培养人以及为谁培养人这个根本问题。"高校思政课社会主义核心价值观教育必须顺应新时代下对于学生思想建设的要求，变培养"四有新人"为培养"时代新人"。在当下，"有理想、有道德、有文化、有纪律的社会主义新人"的四有新人培养目标，已经不能够完全满足时代的全部需求，因此更多的是要顺应时代建设的需求，要培养"有理想、有本领、有担当"的"时代新人"。大学生是新时代的主力军，大学生培养目标的转变，也体现了中国特色社会主义核心价值观的要求。大学生是思政建设的主力军，因此要高要求、高质量来完成对于大学生的培养和锤炼，以使其具备过硬的能力素质、奋发的精神状态和自觉的使命担当。这样，在社会建设过程中，才会有源源不断的人才涌现出来。这样,既顺应了时代对于思想道德建设要求的改变,又与高校培养新人和满足大学生自身在发展过程中本就产生的愿望相辅相成。两者不是对立关系,而是可以相互促进,最后朝着更好的层次发展。个人需要与社会要求之间是通过思想政治教育这个纽带辩证统一在一起的。所以,个人的需求本就是要建立在与社会需求相一致的基础上的。大学生在自我发展的过程中,也一定要注意将社会的发展目标和发展需求作为自身发展的最终目标,不然学校和社会的培养将付诸东流。而大学生在社会的发展过程中,也不可以迷失在杂乱的信息和交流之中,要始终坚定自我,培养积极的主观能动性去做自己想做的事,在自己喜欢和擅长的领域发光发热。同时社会和高校也要能认识到学生发展的规律,在符合这一规律的基础上完成对于高校思想政治建设的提升以最终实现培养"时代新人"。

第四节 新时代高校思想政治教育供需关系研究

新时代高校思想政治教育供需关系,就是大学生需要高校思想政治教育帮助他们锻炼、成长,发展为"时代新人"的这层关系。其中,供需关系的两种基本表现样态为平衡和失衡;在发展过程中,两种基本表现样态会相互转化。在新时代的背景下,高校思想政治教育需要不断做出调整来满足大学生不断变化的需求,解决供需冲突问题,从而使得失衡状态转化为平衡状态。

一、供需的平衡

当供给与需求可以达到互相满足时,就达到了平衡状态。供给可以分为潜在供给、实际供给和有效供给。同样地,需求也可以分为潜在需求、实际需求和有效需求。只有在各类供给与相应的需求契合之后,才能实现真正的供需平衡。其中,首先要保证有效供给与有效需求精准契合。对于高校思想政治教育而言,供给中有利于实现供给目标的部分叫作有效供给;大学生的需求中与社会需求相契合的部分叫作有效需求。

在当今社会背景下,高校思想政治教育必须要满足大学生发展为"时代新人"的需求，从而达到有效供给和有效需求的精准衔接。细分一下，就是要达到目标上的供需平衡、过程上的供需平衡和效果上的供需平衡。第一点是目标上的供需平衡。立下目标，才有执行的方向和前进的动力。供给方和需求方必须有共同的目标，这样才有相同的起点，最终取得良好的效益。现如今，高校思想政治教育的供给目标和大学生的成长发展目标是一致的，即"时代新人"的目标导向，只有这样，才能使高校思想政治教育供给与大学生的成长发展需求相符。第二点是过程上的供需平衡。实现"时代新人"的目标是一个长期的过程，需要一系列循序渐进的努力。思想产品和教育服务的供给是教育过程开展的前提，必须要保证思想产品和教育服务的有效性，因此我们必须要考虑大学生成长发展为"时代新人"的需求。供需过程平衡的最直接体现就是"所供即所需"。"所给即所得"是供需关系平衡的重要体现，即大学生在接受高校思想政治教育的供给后具备了成为"时代新人"所需要的思想政治素质。第三点是效果上的平衡。供给效果如何在某种程度上与供求的契合度相关。对于高校思想政治教育供给而言，供求效果可以通过统计大学生的获得感来反映，主要体现为大学生思想政治素质提升的程度。

二、供需的失衡

供给与需求之间如果不能实现精准契合，就会引起供给与需求的失衡。经济学领域的供需失衡，大多指的是供给方与需求方由于对产品或服务在数量、构成、时空等方面的不同而产生的矛盾。供需失衡状态大致分为两种，即供大于求和供小于求。随着新时代社会主要矛盾的转化，社会供求关系也在变化着。供需失衡已经不能仅仅用供大于求和供小于求这两种简单的划分来表现了，矛头开始指向供给的不平衡与不充分上，表现为供给效能不足，有效供给缺失，无效供给、低效供给过多等现象。"新常态背景下高数量供给与高质量需求的失衡"是新时代下供需失衡的主要表现。

对于高校思想政治教育而言，供需失衡的问题急需解决。高校思想政治教育的失衡表现为"供给非所需""所需未供给"这两种形式。简单来说，就是当前的高校思想政治教育没有为大学生成长发展为"时代新人"提供充分有效的帮助。一般情况下，如果供给质量高，是不会产生供需冲突的。当前的高校思想政治教育供给，并不能完全满足大学生成长发展为"时代新人"的需求，存在着供给短缺和供给过剩，且供给过剩是相对的。供给短缺是因为缺乏高质量的供给，而供给过剩是因为重复性的、低质量的供给数量多。随着供给情况的转变，供给内容、供给方法、供给载体也趋于多样化。但供给的提升不能只停留在数量层面上，只有提高供给的质量，才能满足大学生发展为"时代新人"的需求。数量多和质量高一直都不是对等的关系，片面地追求数量上的增长，反而会拉低质量的增长速度，还会造成人力、物力和财力资源的浪费，不仅满足不了大学生的需求，还会造成大学生的选择困难和审美疲劳等问题。

当前，高校思想政治教育需要对质量进行精进、对数量进行精简，全面提高供给的有效性，增强"高、精、尖"的观念。在现实生活中，供给和需求平衡往往是相对的，而供给与需求的失衡才是绝对的，两者始终处在动态变化的状态中。供求关系的平衡，都是由开始的不平衡到过程中的调整，再到最后的平衡的。在新时代下，对高校思想政治教育供需关系进行研究时，必须要明确新时代赋予高校思想政治教育供给和需求的新内涵和新特征，在充分了解新时代所呈现出的新变化的前提下，实现良好的供需互动，从而达到供需平衡的目标。

三、新时代高校思想政治教育的供需冲突

在新时代，高校思想政治教育供给与需求具有新的内涵，同时有了新的发展方向。为了适应新的发展要求，跟随时代发展的脚步，高校思想政治教育正在不断做出新的调整，这点是毫无疑问的。但高校思想政治教育想要瞬间发展到满足新时代需求的程度是不可能的，也就是说，虽然现在已经进入新时代，高校思想政治教育的发展还没有达到与新时代提出的需求同步的程度，特别是没有满足大学生成长发展为"时代新人"的需求，使得供需冲突在所难免。高校思想政治教育在现阶段存在的供需冲突，也可以称作新时代高校思想政治教育供需冲突，是指大学生发展为"时代新人"的内在需求与作为供给的高校思想政治教育没有满足这种需求之间的冲突。具体表现有四个方面：一是

老师主导式的供给与学生多元化的需求之间不衔接的冲突；二是目标上社会式供给与个体化需求的冲突；三是内容上老师粗放式供给与学生精准化需求的冲突；四是方式上老师的传统式供给与学生现代化需求之间的冲突。对这些具体表现进行精准揭示和分析，将会为供需关系的调整指明发展的方向。

1. 主导式供给与多元化需求的冲突

新时代高校思想政治教育供需关系中的供给主体担负着"立德树人"的重要使命，占据着推动高校思想政治教育发展的主导地位。新时代青年大学生作为需求主体，具有独立性强的特征，其多元化需求会受到单一的主导式供给的限制，从而引发老师的主导式供给与学生的多元化需求之间的矛盾。其具体呈现为一元导向与多元选择、单兵作战与协同效应、单向输出与双向互动的冲突。

（1）一元导向与多元选择

在新时代，社会思潮多元、文化多样和信息多态不断对青年大学生形成冲击。其中，主流价值观与非主流价值观并存，积极价值观与消极价值观同在，正确价值观与错误价值观交织。与此同时，大学生正处于价值观念模糊的时期，其价值判断与价值选择的能力普遍不高，很容易受到不良社会思潮与思想文化的影响。这时，供给主体就要引导大学生形成正确的价值观，即"在多元中立主导，多变中求共识，多样中成引领"，让社会主义核心价值观占据支配地位、发挥主导作用，让多元价值取向朝社会主义方向发展。高校思想政治教育就是推行社会主义核心价值观的引领作用，传递的是马克思主义一元主导的价值观，以使大学生具备"四个自信"为目标。在新时代，必须要加强社会主义核心价值观教育，让大学生在面对多元化价值取向时，具有做出正确价值判断和价值选择的能力，自主规避错误的价值取向。值得注意的是，有个别供给主体自身的思想政治素质过低，疏忽了对马克思主义理论及其中国化理论成果的解读和传导，无法做到贯彻和落实社会主义核心价值观，长期下去，会误导大学生产生错误的价值观，甚至被错误的价值观支配。这种现象的起因还是由于价值观引领不到位，必须从各方面做出相应的调整，全面提高供给主体的思想政治素质，从而引领大学生具备看清消极的、错误的价值观的能力，从而步入正确价值取向的轨道。

（2）单兵作战与协同效应

对于协同效应，有这样的论述：协同效应是指一个系统中两种或两种以上的要素相互影响相互合作，产生大于各独立要素单独作用效应的整体效应。随着新时代的发展，"三全育人"理念和"十大育人"体系深入人心，供给主体也朝着多元化的方向发展。与此同时，大学生的需求正迅速朝着多元、多样和多变的方向发展，供给主体必须要发挥协同作用，而事实上，供给主体"各自为政""单兵作战"的孤岛现象也确实存在。骆郁廷认为：只有真正履行了承担、发动、组织、实施思想政治教育职能者，才可以称之为思想政治教育主体。根据这样的看法，高校思想政治教育的主体（即供给主体）应是今天所强调的"全员育人"的"全员"，但纵观实际情况，大多数承担着思想政治教育职能的主体仍是思想政治理论课教师和专职辅导员。这样也就让那些不是思想政治理论课教师和专职辅导员的思想政治教育主体，无法认清自己"立德树人"的职责所在，思想上和行动上都产生很大的滞后性。其中的一种表现为，理论工作者与实践工作者之间的协同问题。理论工作者与实践工作者本身并不是两个截然分开的群体，然而实践中，从事思想政治理论研究的理论工作者更偏向于对大学生理论知识的传授，调查的也多是大学生对理论知识的掌握情况；而从事思想政治教育实践活动的实践工作者，更偏向于对大学生行为层面的教育，更愿意花时间去了解大学生的日常行为状况。但高校的思想政治教育讲求"知行合一"，所以必须加强理论工作者与实践工作者之间的沟通，让两方都能实时了解到另一方的情况，以达到"以知促行""以行促知"的理想境界。其中的另一种表现为线上工作者与线下工作者之间的协同问题。互联网时代的快速发展，让大学生体会到现实世界和虚拟世界的两种快感，而对线下工作者而言，他们更偏向关注大学生的现实生活表现，而对于线上工作者来说，他们更偏向关注大学生在虚拟网络中的表现。但很多大学生会在线上和线下两种生活空间中表现出截然不同的面貌。所以，线上工作者与线下工作者之间的联系必须得到加强，引导大学生在线上和线下两种生活空间中都表现出较高的思想政治素质。

（3）单向输出与双向互动

新时代大学生的自我意识逐渐加强，所以在思想政治教育过程中必须强调个体的主体性。供给主体作为组织和实施思想政治教育的一方，承担着发挥引导作用的职责。二者的关系要互相协调，就必须坚持供给主体的主导性与需求主体的主体性相统一的原则，坚持以实现双向互动为目标。然而事实上，单向输出的问题是客观存在的，双向互动关系的真正建立还需要很长的一段路。

其实，单向输出与双向互动，在某种层面上取决于对二者关系是否有明确认知。那二者之间究竟有怎样的关系呢？学界有"主客二分法""双主体"论和"主体间性"论等见解。

长期以来，"主客二分法"影响着高校思想政治教育的认知，供给主体认为大学生是被动接受的客体，教学内容和教学方法应该由社会需要决定，这样的认识在极大程度上限制了大学生的积极性、主动性和创造性。这样的"主—客"之间"你打我通""你讲我听"的单向输出关系，严重阻碍了二者的互动交流，收到的教育效果甚微。在思想政治理论课的授课过程中，多采用大班授课的机制，课堂教学模式长期被"一对多""一言堂"限制，老师完全不可能做到与每一位学生进行沟通交流，学生的所思所想、所需所求只能埋在心里，致使很多学生上课都是心不在焉的状态，课堂效果并不理想。其实，二者关系发展的理想状态是"'主导主体'与'主动主体'的合作互动关系"，这样才能体现出教育与自我教育相互统一，大学生思想政治素质提高才会更迅速。"主导主体"体现的是供给主体主导作用的发挥，而"主动主体"强调发挥大学生的主观能动性。在实际情况下，大学生并不会将供给主体传递的所有教育信息都吸收容纳，而是要经过思想斗争、消化吸收的阶段，最终只有那些能够帮助大学生成长为"时代新人"的教育信息，才会发挥良好的作用。

2.目标上的社会式供给与个体化需求的冲突

现如今,伴随着教育的普及化以及社会的迅速发展,高校思政教育的目标要求也应与时俱进,必须充分考虑新时代社会对人才的新要求以及当代青年大学生发展的时代要求,这是社会目的性和个人目的性的综合反映。何谓社会目的性?即培养符合当下社会发展需要的人才规格的外在目的性。何谓个体目的性?即满足个体成长发展需求的内在目的性。但是,现实情况却是极其矛盾的。大部分青年大学生希望通过思政教育的社会实践活动,来帮助对自我目标的实现,相关教育工作者则更加希望广大青年大学生能更多地将社会的发展进步作为追求的目标。供给主体和需求主体之间的目的性不对称,不利于教育工作的开展。这一矛盾在"强化理论认知与关切能力提升""注重社会功能与看重个体功能""强调社会价值与凸显个体价值"的对立和统一上显得格外突出。

(1)强化理论认知与关切能力的提升

不管怎样,供给的目标应当遵循知行合一的原则,对广大青年大学生的理论认知和能力提升要产生积极影响。一般而言,实践能力的提升往往建立在大量理论知识的积累上,由量变才能引起质变,实践能力也是理论分析问题和解决问题的一种体现。理论知识的积累是实践能力提升的必要条件,实践能力的提升离开了理论知识的支撑也是空中楼阁。这二者并不是处在对立面上的两个概念。我们会感受到,其中的矛盾多半是因为过分关注其中一方面,而忽视了另一方面的地位和作用。当下社会发展迅速,竞争激烈,同时具备理论知识和实践能力的人才,才能满足社会的需求。也正是因为这样,广大高校思想政治教育者的工作任务就显得更加严峻,其所传递的思想政治理论知识相较于一般的理论知识更加具有复杂性、综合性、灵活性,是知识性和价值性的统一,其供给的不完全是知识,更是一种宝贵的具有价值的思想财富。我们为什么要如此强调理论认知的强化呢?因为大学生仍处在心智发育成长的阶段,且极易受外界纷繁信息的影响。为了对大学生进行积极向上的思想引导以及价值引领,为了满足社会发展对人才的要求,高校思政教育正在向社会式供给转变。面对"社会需求变迁与知识本领恐慌的矛盾",广大大学生对高校思想政治教育产生了新的期待,即通过思想政治教育能够在一定程度上获得能力上的提升。这也是大学生基于自身成长发展需要而提出的新需求。在当下日新月异的数字化时代,大学生要担负起"强国建设和民族伟大复兴"的使命,就需要具备肩负相应责任的能力,而能力的养成与提升,需要时间作为衡量的标准,需要经过理论的积累与沉淀、实践的磨砺与检验。因此,思想政治教育的目标设定,需要充分考虑理论认知和能力提升两层面的需求,真正做到"以知促行"和"以行践知"的统一。

（2）注重社会功能与看重个体功能

正如学者们所总结的那样：思想政治教育的功能是指思想政治教育对受教育者和社会生活所能发挥的积极的有利的作用或影响。这表明思想政治教育是具有个体性功能和社会性功能之分的,二者功能发挥的程度和所占的比重直接影响供给目标能否实现。但是现实的情况却是本该作为相辅相成有机整体的二者,或多或少都有着在实际教育中被割舍、被偏重的现象。究其原因,供给方大多来自社会,因此也会更加关心大学生的社会性功能而忽视了个体修养的提升,而作为个体的广大青年大学生来说,个人能力的提升、个人经验的积累以及其他个体化的功能才是他们所追求的。这二者侧重的不对称也造成了供需的冲突。

新时代青年大学生作为社会主义建设的主力军,担当着"强国建设和民族伟大复兴"的时代任务。这一任务涉及经济、政治、文化、社会、生态等各个层面,而这一任务的落实,需要思想政治教育予以助力,也可将其视作思想政治教育的政治、经济、文化、生态等社会性功能的发挥,而从新时代大学生的角度出发,他们更希望通过思想政治教育这一社会实践活动,获得个体自由而全面的发展。其实这也完全符合常理,毕竟在社会历史领域内进行活动的,是具有意识的、经过思虑或凭激情行动的、追求某种目的的人。大学生想通过思想政治教育提升自己的竞争能力,以便之后步入社会可以更好地生存,在解决了基本的工作生存问题的基础上,再更好地提升自我的修养,并通过思想教育的熏陶，感受真善美，也就是说在个体生存功能得到发挥的同时，不忘个体发展功能的发挥，兼具个体享用功能的发挥。目前，高校思想政治教育个体功能的发挥，应更好地体现在对大学生美好精神生活需要的满足上，体现在对大学生个人成长发展需要的指引上，体现在对大学生所应承担的使命担当的激励上。高校思想政治教育要帮助新时代大学生在实现个体性功能的同时，以更好的精神状态、过硬的知识本领、积极向上的人生态度，投入到社会建设中去。

（3）强调社会价值与凸显个体价值

总的来说，目前教育的一大矛盾就是主体要对客体进行社会化教育，要实现思想政治教育的社会价值，而客体却要保持其个性特质。社会价值和个体价值的比重无疑在影响着供给内容对青年大学生的导向作用。其实二者是既矛盾又统一的。学生倘若过分关注个体价值，"孤芳自赏"而忽视了社会化的要求，其日后走向社会必然会面临不适应等问题；倘若一个学生过分关注其社会价值，而忽视了自我修养、自我专业水平的塑造，其日后进入社会很难有独特的竞争力。个体价值的实现体现在思想政治教育对个体需要的满足上，核心是人的全面发展。人的全面发展离不开个性的发展，尤其是新时代的青年大学生，其个体的多层次、多样性和多元化的发展，才是教育最根本的目的，而社会价值的实现，在新时代下，则是突出强调大学生为实现中国梦所做出的贡献。一般而言，高校思想政治教育以体现社会价值为核心，而新时代大学生以彰显个体价值作为自身追求，两者之间存在一定张力。高校思想政治教育的效果如何，关键在于如何处理好两者之间的关系。不可过度强调社会价值而忽视大学生自身的价值追求，亦不可拘泥于对个体价值的追求而忽视社会价值的实现，应找到两者之间的平衡点和契合点。

3. 内容上的粗放式供给与精准化需求的冲突

授课内容是高校思政教育的核心，教育者提供给大学生的课程内容，能否满足广大青年大学生的成长需求以及发展需求，能否被广大青年大学生所接受，这是衡量高校思想政治教育的供给是否具有有效性的两个重要判断依据。正如教育部原部长陈宝生指出的那样：思想政治理论课抬头率不高，人到了心没有到，什么原因呢？内容不适应他们的需要。这一现象逃不开供给与需求的对应问题，内容的相对滞后和思想的适度超前、理论先验预设与实践现实生成、拓宽知识广度与关注学理深度之间的冲突是其具象化体现。

（1）内容的相对滞后和思想的适度超前

社会的飞速发展影响着风华正茂的青年大学生们，他们思维活跃，敢于尝试新的事物，有着一颗炙热的好奇心，有着一颗跳动的新时代的心脏，也因此，紧跟时代步伐、顺应发展潮流的供给内容往往更加能激起青年大学生的求知欲。大量的新思想、新政策、新主张，是极具时代特色的高校思想教育供给内容的重要资源。但是，就现在高校思想政治教育供给内容的发展状况而言，内容的相对滞后性以及思想的相对超前性之间的矛盾仍然存在，并没有紧跟时代的脚步，及时完成供给内容的转变调整。例如对习近平新时代中国特色社会主义思想的解读不够全面与深入，未能很好地将其融入教材体系之中，或是未能更好地将其融入课堂教学内容中。除此之外，学生的思想政治教育普遍从小学阶段就已经开始，经过九年的义务教育阶段和三年的高中学习生活，足足十二年的思想政治教育，已经让进入大学校园的学生们具备了一定的思政教育基础，因此，教材的深入和内容的升华应当是逐步加强的。但是现实情况不尽如人意，高校思想政治教育重复供给的现象愈发严重，正如邵志豪指出的那样：中学已经背熟的一些哲学原理、中国特色社会主义理论体系知识，在大学生思想政治理论课上依旧重复讲授。面对重复的教学内容，面对自己已经感受过的思想教育材料，面对这种学习的重复性，大学生中存在将一个馒头反复蒸热的厌烦感，这无疑会打击其学习的积极性，更与高校思政教育的初衷是背道而驰的。

（2）理论先验预设与实践现实生成

受到就业等的压力影响，当代大多数的大学生都是务实的，"他们更加愿意花费时间精力在具体的可以看到回报的事情上，对思政教育中一些抽象的理论和概念就显得不太感兴趣。因此，供给的内容需要加强与现实的联系，让广大学生看到理论和思想是如何实实在在作用于现实的，看到这些精神财富完全可以转换成实际的收获。目前的供给来源大多仍是体现在从概念到概念、从内容到内容、从范畴到范畴的演绎推理，从经验到经验的文献梳理，这无疑是对实践这一重要供给来源的忽视，这也直接导致了广大青年大学生对供给的内容提不起兴趣，无法在生活中应用所学的知识，学习的积极性必然不高，这也造成了理论预设和实践现实相违背的冲突。进入大学之后，学习的氛围变得活跃，接触的新事物也在增多，学生的思想眼界得到新的开拓，与此同时，他们需要思想政治教育的开解与引导。数字时代下的青年大学生更加关注国内国际发生的重大事件，高校思想政治教育可借助此类事件进行相应教育。与此同时，对大学生在现实生活中所遇到的事情，比如人际交往问题、创业就业问题等，要求供给内容能够"因事而化"，具有解决实际问题的效力，而非纯粹的理论教育。

（3）拓宽知识广度与关注学理深度

首先，广度是知识覆盖面大小的体现。提供的内容囊括的信息量之多少，影响着大学生的思想、道德、心理等各个方面，其影响之广泛是显而易见的，目标就在于满足大学生全面发展的需要。其次，深度主要体现在学理方面。我们要以严密的逻辑和透彻的学理分析回答学生的疑问，让学生有对知识的自信，并有着实践的欲望。但是现实情况不容乐观，部分高校供给内容"广度有余而深度不足"的问题仍然没有得到解决，这便是拓宽知识面并且同时要抓住学理深度的矛盾的一种体现，广大青年大学生乃至教育工作者都很难找到这两者之间的平衡。其实我们大可以不必过分纠结这二者的矛盾，我们可以反其道而行之，关注到这二者的统一性上。供给内容必须兼具广度和深度，这样才能保证大学生的综合发展。当下，供给内容正在逐步由单一向多元发展，这是其在广度上的扩展。与此同时，高校思政教育者需要对供给内容的质量进行把关，"取其精华，去其糟粕""去伪存真""由表及里步步深入"，将冗长的供给内容删减和压缩，节约教育资源，对错误观点进行修正，给予大学生正确的引导。最后，要透过供给内容本身看到其内在的本质规律。总的来说，就是要"以理服人"，在增强供给内容的学理性上下功夫。正是由于新时代青年大学生具有很强的理性思维能力，并注重学理的把握，我们更应该加以耐心的引导。任何一项理论的产生都有其深厚的理论渊源和学理基础，在阐述具体理论时，我们不应单纯地结果灌输而忽视过程，深入挖掘其所具有的学理性才是我们应该重视的地方。高校思政教育工作者有义务引导广大大学生进行自主的理性思辨，使他们能够从内心深处真正接受供给内容，并将其外化为自身的行动指南，从而使他们终身受益。

4.方式上的传统式供给与现代化需求的冲突

在新时代的时代背景下，我们应将新媒体技术融入大学生的日常生活中去，并且利用新媒体技术来推动思想政治教育方面的进步，让思想政治工作与信息科学技术进行更加深入的交流和融合，从而增强思想政治教育对于大学生的吸引力。这也就是说，高校思政教育一定要将传统与现代相结合，从而充分发挥出二者的优势。但是往往在实践的过程中，高校的许多课堂仍然采用传统的灌输式教育方法，并没有将学生作为课堂的主体，给予学生更多的学习自主性，这也就导致了教学模式与学习方式的冲突，导致传统的载体与新型的信息技术在融合的过程中，产生了矛盾。

（1）文本话语表达与生活话语接受

高校思想政治教育工作中，应将话语作为联接思想政治理论和学生的媒介。话语的定义就是言说主体根据其认知，运用语言阐释解释一定的言说对象产生相关意义的言说行为，以及产生的直接或者间接的结果。因此，高校思想政治教育应借助话语表达，将思想政治教育的内容传达给学生，并且为学生所理解和接受。这就存在一个问题，究竟要用什么样的话语来契合学生的需求，从而进一步提升思政教学效率和教学效果。

当前高校思政教育仍然存在固守传统方式的问题，而固守传统的灌输式教育方式，就很难与学生的需求相匹配，从而影响学生的学习积极性和学习自主能力。一直以来，文本的话语表达，也就是书面用语和生活中的日常用语，总是存在着非常突出的矛盾。书面用语是具有一定思辨性和学理性的话语，它们往往出现于理论知识的表达中，生活用语则是一种比较接地气的话语，它们更加符合学生的生活,能够渗透进学生的日常生活中,作为学生日常交流的媒介。

书面用语和生活用语在教学中产生矛盾,究其原因主要是:老师在思政教学过程中,没有很好地将两者进行转变或释义。对于文本的解读和理解,并没有十分的到位。还有的教师因为专业能力不够,只会进行灌输式的教学方法,没有办法很好地理解理论知识,也就无法满足学生的需求。

随着科技的迅猛发展,新媒体技术和信息科学技术同样突飞猛进,随之而产生的网络用语,就成为青年大学生惯常使用的新的语言表达方式,这种语言表达方式在学生中受到了广泛的欢迎,一些思政课堂借用了这样的语言表达,就产生了一批网红思政教育课程。但是,在进行思政教育课程话语转换的过程中,一定要把握好度,一旦过度或者不到位,都有可能导致思想政治教育的话语权受到冲击,严重影响思政教育的权威性。

(2)教育模式主导与学习方式自主

在我国,任何一所高校都承担着立德树人的重要任务,但要落实好这一任务,则需要借助一定的方法和手段,才能够实现。

我国传统的教育方式一直都是以教师为主体,通过教师来传递理论知识,对学生进行教育,而在新时代背景下,在大学生具备更加强烈的个人主体意识和自主学习意识的条件下,他们追求更加自主的学习方式,并且把自己当作学习的主体。这里表现的是一种我要学的积极向上的学习心态。如果我们一味地采取传统的教学模式,忽略学生的主体性,就必然会对学生的学习兴趣、学习效率以及我们所追求的教学效果产生不利的影响。

相较于灌输式教育,启发式教育具备更鲜明的优势。这一教育方式是以学生为学习主体,让学生在学习了理论知识之后,将理论知识通过实践的方式运用到实际案例中去,并且进行分析和研究,从而得出自己的感悟,并进一步巩固所学的理论知识。这种教育方式有助于实现大学生在接受理论知识的时候,增强其自主性、选择性和能动性等特质。从教学实践效果上看,大学生更容易接受启发式教育,而不是灌输式教育。相较于传统的知识灌输,他们往往会偏爱以自身为学习主体的教学方式。

（3）供给载体传统与信息技术融入

供给载体承载供给内容，随着时代的进步，我国的新媒体技术和科学信息技术，包括AI、大数据、微博、微信、抖音等，在这样的时代背景下得以快速发展。对于大学生来说，他们生活在一个互联网发达的时代，对于新媒体技术和互联网运用得十分熟练，并且互联网已经渗透到大学生的日常生活中。对现阶段的大学生进行思想政治教育的时候，就需要注意到一个问题，就是运用现代信息技术传播供给载体的内容时，要取其精华，去其糟粕。

大多数高校在对思想政治教育这一课题进行教学方法的探索时，其实早已运用了新媒体技术。但是，并没有真正地将新媒体技术与思想政治教育进行深度的融合。对于新媒体技术的使用，仍然只是器物层面的，并没有深入到思想层面，因此，实现这两者的深度融合，仍然是一个急需破解的时代课题。如果没有将思想政治教育与信息技术这两者进行真正的融合，那么在实际运用的过程中，这些矛盾都会更大地显示出来。

比如，许多高校在进行思想政治教育的时候，都会利用微信和微博作为教育平台。在其进行教育的过程中，也能够获得一定的浏览量和点击量，但是相较于其他的板块，高校思想政治教育这一块的效果并不理想。

再比如，以抖音、快手为代表的短视频App开始出现在大学生的日常生活中。这类短视频App在大学生中很受欢迎，但是这些App在传递信息的时候，并不只是传递积极向上的信息，它们也会传递一些落后、糟粕的信息，而这些信息对于新时代的大学生来说，所产生的负面影响也是明显的。因此，当前高校思政教育需要解决的另一个问题，就是对大学生的思想和价值观进行引导，尽早培养大学生正确辨别是非的能力，并使得他们能够自觉抵制不良价值观。

除此之外，我国有些高校还利用VR信息技术给学生开展沉浸式的体验教育，能够使得学生体验到书本中所描绘的生活场景，这就使得学生在课堂上有更多的参与感。这一技术也十分贴近学生的日常生活，能够较大程度上满足大学生的思想政治教育需求。因此，这一技术的教学效果良好，但也存在着一定的问题，主要就是新媒体技术的开发和运用并不完善，学生在使用这些技术的时候往往还存在着问题，从而影响体验效果。

第五节　媒体融合与高校思政教育的内在联系

在媒体融合快速发展的背景下，信息的获取方式发生了创新和深刻变革。网络上的海量信息呈现出一个资源共享、互通有无的局面，人们可以随意跨越时间空间等限制，进行信息传播、思想交流。网络上时事热点、新闻评论影响力大幅增加，甚至自媒体带动的舆论影响力都呈现出从点向面辐射的趋势。多样化已成为当代思想意识的发展态势，多种多样的思想观念给高校的思想政治教育带来了一系列的机会和挑战。在这种情况下，能否指引大学生树立正确的思想观念，坚定社会主义核心价值观，就需要高校的思想教育工作者充分认识到将媒体和高校思想政治教育相融合、相联系的必要性。肯定媒体融合优势，加强思想文化宣传，有效提升高校思想政治教育能力，主要从两个方面分析：

一、新媒体丰富了思政教育的信息传播路径

伴随网络技术的迅速发展，出现了诸多新兴技术，如移动互联网、云计算等。这些新媒体技术给人们生活带来了很大的便利，与此同时，也对传统媒体发起了巨大的挑战。新媒体的出现丰富了信息传播的途径，节约了传递信息的时间，并在很大程度上改变了人们的思维方式和行为准则。多样化的网络传播也在潜移默化中影响着网络用户，尤其是青少年的生活态度、价值观念等。大学生正处在三观塑造的关键时期，如果没有正确的筛选信息的能力，极易受到网络上不良言论的影响。高校要培养合格的社会主义接班人和建设者，是引导大学生树立主流意识形态的主要阵地。高校的思想政治工作是引导学生坚持社会主义核心价值观、高举爱国旗帜的有力保障，并对弘扬中国传统文化、增强大学生的文化自信和文化自觉，也具有重要的作用。

媒体在发展过程中，必须坚定不移地弘扬正能量，引导网络思想潮流，让优秀的文化思想占领网络空间，从而引导全社会形成真善美的审美追求，推动能够表达中华民族伟大复兴中国梦和"举旗帜、聚民心、育新人、兴文化、展形象"使命的信息在网络空间中广泛传播，为大学生塑造清明的网络环境。同时，不可否认的是媒体融合发展已经成为信息化的重要发展走向，这就更需要高校思政教育的有效引导，促进良性升级。这主要从两方面表现出来：一方面，在媒体融合发展过程中，对待媒体信息，我们要坚持高要求、高标准，使优质、精品成为每一条媒体信息内容的特点。在媒体融合发展的背景下，优质的信息产品，便于我们留下大学生老客户，并且不断吸引大学生新客户的到来，以至逐渐形成较为稳定的大学生用户群体，也可增加抵御风险的能力。另一方面，优质的信息内容有利于增加媒体的权威性，提高竞争力和扩大影响力，有效推动其长远的发展，实现资源利用最大化。新媒体在融合发展过程中，最为重要的就是优质内容的推送，这是其成为主流媒体的关键性因素。高校思想政治教育内容拥有一定的特殊性，它可以提高大学生用户对其的认可度。例如，一旦高校官方媒体发表了对某件事的态度，就会对其用户产生正确的舆论引导作用。同时，高校思想政治内容也扩大了影响力。高校思想教育过程中，应该通过新兴的技术和工具，融入健康正确的教育内容，形成PGC（Professional Generated Contend，专业化内容生产），取代信息的"碎片化"和"低俗化"，确保信息公平、公正、公开，促进媒体的融合发展，为大学生营造清明的网络环境。

根据《中国互联网络发展状况统计报告》显示，截至2023年6月，我国网民规模达10.79亿人，其中手机网民规模达10.76亿人，越来越多的人拥有一部乃至多部手机，青年网民更是占据了总体数量的大部分，其中20岁至29岁之间的网民占比最高。如果将不同阶段的网民按照职业划分，我们可以发现学生群体占据了全体网民的四分之一。手机作为一种便利的移动网络工具，早已和大学生的生活和学习产生了密不可分的联系。以大学生为主体的学生群体，通过移动网络进行信息传递、资料获取，或者沟通交流，是网民中的主力军。这主要可以从两个方面看出：一方面，大学生受到过严格的思想政治教育，具有一定明辨是非的能力，可以把握住正确方向，不轻易受到网络中低俗不良文化的侵蚀。这对于普通网民的舆论也具有一定的引导能力，因为大学生对待网络信息具有鉴别能力，对待网络风气的形成也可以起到一定的监督作用。这有利于在网络环境弘扬正能量，坚持社会主义核心价值观，加强大众的文化自信和文化自觉，引导广大网民追求高尚人格，完善自身，打造一个清明的网络环境。大学生可以通过自身的人际交流圈以及网络信息传播的辐射特点，对媒体在融合发展的过程中起到监察督促的作用，从而促进网络的良性发展，成为健康网络环境的建设者。比如一网络用户发表了正确思想的言论，其论点能引起年轻人的共鸣，通过青年大学生的阅读转载扩散，很快就会形成一定的舆论态势，符合大众主流思想的要求，起到传播正能量的作用，有利于促进主流思想的传播和形成，帮助媒体更好地融合发展。另一个方面，高校思想政治教育通过学生的学习、理解、传播，在网络上进行思想意识的反馈，潜移默化地形成一种评价标准，逐步达到主流思想文化的要求。

总之，在媒体融合发展的背景下，积极地开展高校思想政治工作，可以利用传统教育与新媒体相结合的优势，传播红色基因，因势利导大学生树立社会主义核心价值观。

二、媒体融合发展灵活了高校思政教育的方式

思想政治教育发展的本质是为了实现思想政治教育现代化。在媒体融合发展的背景下，高校思想政治教育的现代化，其实就是指在高校思想教育的课堂上，教师利用多样化的媒体设备以及新兴的媒体传播技术，对教育方法和教育内容进行创新改革，增加教育途径，从而实现有效的思想政治教育，便于大学生更容易理解和领悟正确的思想政治文化，不仅限于书本内容，更多的在于对事物发展的评价标准。随着媒体技术的快速发展，涌现出一大波新兴的技术，如云计算、大数据、虚拟现实技术等，这些技术与人们的生活息息相关，给人们带来丰富的听觉、视觉享受，并丰富了人们的精神文化。这些新技术同时也在不断促进媒体融合的发展，增加了信息传播的途径，减少了信息传递的

时间。各种媒介的融合，极大地形成了资源共享、信息交互的局面，同时也促进了高校思想政治教育的传播方式以及内容的创新。可以从两个方面体现：一方面，媒体经过不断地融合发展，拥有超强的信息容纳力，为现代网络用户提供了海量信息传播、接收和运用的平台。不得不说，媒体的融合发展对于高校的思想政治教育来说，打破了以往传统教育媒介信息容量不足的缺陷，丰富了高校思政教育的内容。与此同时，高校思政教育还可以借助媒体融合的优势，突破时间、空间的限制，扩大教育范围，增加教育途径，提升教育的趣味性等。例如，高校的教育工作者可以在"喜马拉雅"等类似综合性阅读软件上，发表自己的文章，表达自己的言论，上传自己的课程，通过这些软件介绍某些相关的理论知识，从而让更多的人获取知识。高校的同学们，也可以利用这些网络软件，观看老师的上课视频，获取所需的知识，并且可以随时随地学习。另一方面，随着媒体融合的不断发展，移动网络设备受到越来越多人的青睐。例如微信公众号，它可以让个人或者企业进行短文推送，让更多人知道他们的品牌，这在更大程度上节约了成本，提高了知名度。再比如说抖音短视频，它可以记录和分享生活的点滴，给观看者带来愉悦的心情。高校思想政治教育过程中，可以充分运用这些软件，随时随地对大学生进行思政教育。

第六节　融媒体参与高校思想政治教育的理论依据和现实基础

伴随媒体技术的不断发展，大众传媒与网络技术相结合，媒体融合应运而生。媒体融合给传播手段带来了极大的变革，促使传播方式多样化发展。媒体融合发展是在互联网技术背景下人们对信息交流的必然需求。高校始终是我国意识形态发展的前沿，同时也是党的理论宣传的主要阵地之一，在高校开展社会主义核心价值观教育，能够有效地保障党在主流意识形态领域的主导权。媒体融合有助于大学生认同并形成社会主义核心价值观，为社会培养更多的有用人才。在媒体融合的环境下，研究分析高校思想政治教育的理论依据和实际情况，一方面能够更好地引导思想政治教育创新，提供更有效的理论支撑；另一方面有利于高校思想政治教育与现实技术环境相结合，更加准确把握它的创新条件和社会基础。

一、媒体融合背景下高校思想政治教育的理论依据

理论是指人们关于事物知识的理解和论述。依据则是把某种事物作为依托或根据。一种理论的形成，需要很长一段时期的积淀，需要取得由若干人形成的具有科学研究意义的智力成果。马克思主义思想政治教育理论、中国特色社会主义理论都是经过长期实践而形成的理论体系，能有效指导高校思想政治教育工作。

1. 马克思主义关于社会存在与社会意识关系的理论

哲学即智慧之学，是一门源自人们对自身和世界探究的学科。它可以预见和指明社会的前进方向，提出社会发展的理想目标，指引人们追求美好的未来，具有理论意义和实践意义。

马克思明确指出了社会存在和社会意识之间的内在联系，指出了上层建筑与社会意识形态的关系。

社会存在，也就是社会物质生活条件，包含了人类社会的物质生活赖以存在和发展的物质要素总和。这些条件包括人类生存的自然条件，如气候、河流、土地等地理环境；社会存在和发展的人口条件，如人口的密度、人口数量、人口素质的高低、人口增长速度等人口因素；物质资料的生产方式。在以上几种物质生活条件中，生产方式是决定力量。由工业化到信息化的发展变革中，生产方式发生了极大的变化。媒体融合是伴随其中的一种产物，是在大众传媒和网络技术融合中产生的新事物，影响了人们的日常生活和交往方式，有利于促进经济社会、政治文化之间的融合与交流，促使它们快速发展并不断创新。

社会意识是指社会生活的精神方面，根据不同的划分角度，社会意识有不同划分内容。根据社会意识的主体的不同，有个体意识和群体意识之分；按照社会意识的不同层次，社会意识分为社会心理和社会意识形式；依据社会意识与经济基础的关系，可以划分为意识形态和非意识形态。思想政治作为一种社会意识，不仅体现了个人意识，还体现了群体意识。比如教育者个体的精神状态，则反映了个人意识；而教育者整个群体的精神状态，反映的则是社会群体意识。同时，社会心理发展的状态还能够影响思想政治教育的发展，会对社会心理的变化产生影响。在高校中开展社会主义核心价值观教育，有利于快速有效地弘扬主流思想，是巩固社会意识形态的重要手段，有利于促进受教育者的行为规范，能够科学有效地培养受教育者的社会责任感、道德感、理想信念等，为实现中华民族伟大复兴的中国梦提供精神力量。

社会存在和社会意识具有辩证统一的关系：社会存在决定社会意识，社会意识根源于社会存在，是对以实践为基础的不断发展变化的现实社会的反映。社会意识同语言一样，是在生产中由于交往活动的需要而产生的。互联网的快速发展，减少了人与人之间的距离，促使经济全球化发展，国际交往日益频繁便利。人们的现实生活需要功能强大的传播渠道和载体，媒体融合应运而生。作为一种社会存在，媒体融合不仅是大众传媒和信息技术结合的成果和产物，而且还符合人们对信息获取方式变革的内在要求。同时媒体融合的快速传播优势，也有利于促进高校思想政治教育的有效开展。高校思想政治教育某种程度上反映了社会意识，与社会意识形态相符合，内涵上相适应，主要目的是为大学生宣传和内化主流意识形态。因此，可以利用媒体融合，促使高校思想政治工作不断创新发展，大力弘扬我国主流文化思想。高校思想政治教育和媒体融合可以相互结合，融合发展。在高校思想政治工作的引导下，有利于丰富媒体融合的内容。

经济基础和上层建筑是辩证统一的。两者的相适应性关系，要求媒体融合与思想政治教育创新相互结合，共同发展。社会意识具有相对独立性、能动性和独特的发展规律，因此需要高校思想政治教育者准确合理地掌握媒体融合的传播优势，在思想政治教育过程中融入媒体融合的因素，使得受教育者能够得到科学的实践指导，建设社会主义精神文明。

总而言之，基于媒体融合的背景下，有效地开展高校思想政治教育工作，最关键的就是正确看待社会存在和社会意识之间的辩证统一关系，深刻理解其理论并熟练运用，把握媒体融合带来的机遇和挑战，充分发挥教育者的主观能动性，明确高校思想政治教育的目标，创新高校思想政治教育的路径。

2. 利用融媒体，传播正能量

2016年全国高校思想政治工作会议上强调要立德树人，教学工作要与思想政治工作相结合。立德树人，最核心的要点就是教学工作以学生为中心。新时代大学生思维更加活跃，有更多的渠道接受来自网络的各方面信息，因此单靠课本上的信息，不足以满足大学生的要求，这对传统的思想政治教育是极大的挑战。

针对新时代新媒体传播技术的变革，关于高校思想政治教育手段创新的几个要素，我国教育主管部门提出了在新形势下有效开展高校思想政治工作的方法策略：第一，做好高校思想政治工作，其中重要的就是坚持"三因"要求，做到三个"遵循"。"三因"要求具体指"因事而化""因时而进"和"因势而新"。"因事而化"，要求思想政治工作融入发展新趋势，根据具体的任务实施教学活动，从而使受教育者的行为思想向社会要求的方向发展。"因时而进"，要求思想政治教育需要符合社会的发展。媒体融合是必然趋势，而且互联网也渗透到学生日常生活的方方面面，因此，教育者需要在开展教育的过程中充分利用新媒体。"因势而新"则是要求新形势下的思想政治教育不断地创新。第二，充分利用新媒体新技术，把思想政治工作优势与信息技术相结合，使思想政治教育焕发新生，与时俱进，提高思想政治教育的吸引力。在媒体融合背景下，促进高校思想政治教育的内容优势和媒体信息技术融合，增强高校思想政治教育的引导力。第三，充分把握网络传播的规律，把互联网转变为事业发展的最大增量。在高校思想政治教育过程中，需要充分利用网络传播规律，丰富教育传播的内容，更新创新话语的表达方式。通过网络信息传播的多元化，新媒体传播渠道的多样化，让受教育者学习理解教育内容。利用网络媒体把握正确的舆论方向，提高思想政治教育的公信力和引导力，从而扩大思想政治教育的宣传范围，壮大主流文化阵地。第四，推动媒体融合是一项重要并且迫在眉睫的工作。在参观人民日报社时，习近平总书记反复强调要把媒体融合做成主流舆论，推动媒体融合向纵深发展。媒体融合是众多媒介一体化过程的必由之路，同时也是用户需求高质量传播内容的必然结果。因此，高校思想政治教育要肩负起生产主流文化的责任，利用网络媒体扩大主流舆论，巩固主流阵地；需要充分利用媒体融合，创新教育手段，丰富教育载体，扩大教育的范围和传播渠道，从而净化教育环境，形成线上和线下相结合的教育方式，促进大学生形成正确的价值观和道德观，增加教育者和大学生之间的交流互动，促进弘扬正能量。

3. 中华优秀传统文化资源中"和而不同"的育人思想

文化作为一种精神力量，具有化人的作用，能够教化和影响人。德国前总理施密特曾表示世界上存在了四千年以上，并且人文化高度发展的国家，只有中国一个。这不仅表明了中国具有悠久的历史，还揭示了中华文明能在四千年以上的历史长河中得以生存，并仍将继续发展下去的原因，其中最关键的因素就是中国有着灿烂的优秀文化，并且一直留存弘扬。

中国传统文化具有独特的魅力，能够包容万物，也涵盖了丰富的教育思想。自古以来，我国就十分重视教育，并形成了独具特色的教育理念。《大学》中强调"大学之道，在明明德，在亲民，在止于至善"，重视明德至善，闻道笃行。桓宽的《盐铁论·地广》则表达了"不为穷变节，不为贱易志"的高尚人格尊严教育。这些都集中地体现了中国传统的尊道、崇德、重节的基本教育功能。

关于教育方法，史伯强调"和实生物，同则不继"，主张"和而不同"；孔子强调"因材施教"。"和"指一种有差别的、多样性的统一，不断产生新的事物，这就是"和"。因材施教是指教师要从学生的实际情况、个体差异出发，有的放矢地进行有差别的教学，使每个学生都能扬长避短，获得最佳发展。前者揭示了和谐文化的哲学道理，后者则成了"和"文化哲学在教育领域的具体应用原则。

媒体融合改变了传播格局，拓宽了传播渠道；网络的普遍性和丰富多样的平台功能，加强了学生的主体性，促进学生向个性化发展。这些为高校思想政治教育带来了极大的挑战。媒体融合凸显高校学生追求差异化和个性化，这是"不同"。在高校思想政治教育中引入信息化技术，有效地满足学生的个性化和差异化需求，这就是"和"。与此同时，媒体融合与思想政治教育是两种不同性质的事物，两者彼此融合，能够增加思想政治教育的传播途径，使思想政治工作不断创新，这是进步，同样也是"和"。在媒体融合的背景下，思政教育工作者应该尊重学生的差异化和个性化，尊重学生在教育中的主体作用，同时要重视"因材施教"。总之，要充分利用优秀传统文化中的教育理念，让高校思想政治教育在媒体融合背景下不断进步发展。

4. 高校思想政治教育的载体和环境

在高校思想政治教育的过程中，载体和环境是其中两个十分重要的影响因素。我们必须正确看待和重视在媒体融合的背景下，载体和环境对高校思想政治教育的影响，在开展思政教育的过程中，积极利用有利因素，规避不利因素，不断提高高校思想政治教育的功效。

高校思想政治教育的载体能够为教育者和受教育者提供相互影响的活动形式，能够连接教育过程中的各个要素。如果没有教育载体，那么高校思政教育工作也就无法顺利开展。在《思想政治教育学原理》一文中讲到，高校思想政治教育的载体类型很多，包括文化载体、活动载体、管理载体等。根据不同的划分标准，又能把载体分为不同的类型。比如从微观的角度，载体可以分为课程载体、网络载体、活动载体等，于是能够产生上课、微信、会议等具有多种功能的形态。在高校思想政治教育的各个方面，这些载体承载着不同的内容。在思政教育过程中能够把实践和理论、隐性和显性、个性和共性相结合，就能够更好地帮助教师开展思想政治教育。高校思想政治教育的具体实践中，媒体融合能够丰富教育载体类型和媒介形式，因此，高校教师应该提高对教育载体的重视，充分利用媒体融合带来的优势，丰富高校思想政治教育的形式和内容。

教育环境则是高校思政教育的外在因素，能够保障思想政治教育有效进行。根据马克思主义观点，内因和外因辩证统一，既相互联系又相互作用。外部原因，能够影响事物的发展。在高校思政教育工作的过程中，社会、校园环境等外因会影响学生的成长。良好的教育环境，能够促进大学生健康成长，树立正确的价值观和积极良好的心理状态；不良的教育环境则会阻碍立德树人任务的实现。

人与环境彼此相互作用，相互影响，人能创造环境，环境同样也能改变人。马克思主义认为，人对环境有能动作用；同样，环境也能反作用于人，影响人的活动，从而影响人的道德观念和政治思想。高校思想政治教育的环境具有动态性、可创性等特征。

首先，高校思想政治教育的环境是一个动态性体系，有多种方式能够影响学生思想道德的形成。这就要求高校教师在开展思想政治教育的时候，要充分认识环境的重要性，从而加强环境的调节作用。一方面，高校教师可以利用社会环境和校园环境中的积极因素，强化环境对思想政治教育的正面影响，从而使得两者优势互补。另一方面，高校教师需要克服环境的负面影响。媒体融合背景下的信息多元化传播，对思想政治教育环境既有积极作用又有消极影响，因此需要充分利用积极因素，为高校思想政治教育营造一个良好的生态环境。

其次，媒体融合为高校思想政治教育带来了新的环境变化，体现了它的可创性特征。媒体融合产生的一系列技术性因素导致虚拟环境更加复杂，从而影响了大学生的人际交往方式。因此，高校思政教育工作者要正确认识到大数据、云计算的技术优势，在教育开展过程中充分利用信息技术，为思政教育创造良好的校园环境和课堂氛围。

根据不同的划分标准，高校思想政治教育环境的分类也各不相同。根据张耀灿和陈万柏关于思想政治教育环境的论述，高校思想政治环境可以分为宏观环境和微观环境。宏观环境包括经济、文化、政治环境和大众传播媒介。其中，大众传播媒介则能够进一步分为传统媒介和电子新媒介。媒体融合同时促进了多种媒介的相互交叉，从而进一步改变了人们的思想观念和交往方式。对于高校思想政治教育来说，媒介融合既是载体，同样也是社会环境，具有复杂性、广泛性特征。多种媒介融合容易导致舆论环境的形成，良好的舆论环境对高校思想政治教育有积极因素；负面的舆论环境，则不利于思想政治教育的顺利开展。因此，教育者要充分利用媒体融合矩阵，为思政工作创造有利的舆论环境。

微观环境则包括学校、家庭、社区等环境对思想政治教育的影响。对于大学生来说，大部分时间都在学校，因此，教育者需要重点讨论社区组织、学校等环境的影响，重点关注校园环境、宿舍、社交环境等。媒体融合为这些环境带来了诸多变化，使得社团工作、宿舍使用互联网交流的频率加大，与此同时，多变的舆论环境也容易降低高校学生对教育内容的认可程度，不利于学生充分理解教育内容。因此，在媒体融合背景下开展高校思想政治教育，正确利用其环境十分重要。

二、媒体融合背景下高校思想政治教育的现实基础

媒体融合的概念最早是由美国马萨诸塞州理工大学教授浦尔提出的，即各种媒体相互融合，最终实现全媒体化的过程。媒体融合的概念有狭义和广义之分。狭义的媒体融合指的是不同的媒介形态通过融合从而产生质变，形成一种新的媒体形态，比如说电子杂志、博客新闻等；而广义的媒体融合指的是一切的媒介形式融合在一起。总而言之，媒体融合是一种信息时代背景下媒介发展的理念，本书讨论的媒介融合指的是传统媒体与新兴媒体的融合。在媒体融合背景下，高校对学生进行思想政治教育既迎来了机遇，也面对着挑战。传统媒体与新兴媒体的融合促进媒体传播的范围更广，影响更大，这对高校思想政治教育也产生了一定的影响。"互联网＋"、全媒体以及大数据等的飞速发展，对于高校思想政治教育来说具有重要意义，也有利于高校完善思想政治教育方式，提高教学效率。

1.媒体融合提高了高校思想政治教育的效率

高校思想政治教育面对的是接受能力强、学习能力强、时刻保持好奇心的大学生，思想政治教育工作则指的是为了实现一定的政治目标，对人们施加意识形态的影响，从而转变人们的思想和行动的行为。在媒体融合背景下，高校对大学生进行思想政治教育可以更加高效、更加便捷，同时媒体融合促进了大学生通过媒体获取所需知识，促进了个人发展，也促进了"互联网＋"的飞速发展。"互联网＋"的意思就是"互联网＋传统行业"，随着科学技术的发展与进步，运用"互联网＋"思维进一步指导实践，推动经济形态不断发展与改变，也为改革、创新、发展提供了更大的网络平台。"互联网＋"并不是简单的加和，而是指将互联网的思维融合进传统行业中，从而促进传统行业的发展与进步。本文的"互联网＋"指的是"互联网＋高校思想政治教育"，即使用互联网的方式与思维在高校进行思想政治教育，从而有助于促进互联网与思想政治教育工作相互结合，为高校思想政治教育提供网络平台，为更多学生提供学习的机会，间接推动教育事业的发展以及新的教育生态的产生，不仅可以提高高校思想政治教育的教学质量，也可有效提高高校思想政治教育的效率。

在媒体融合的背景下，如何提升高校思想政治教育的时效性是高校教育工作者必须面对的问题。高校思想政治教育的时效性与教学效率有极大的关联，思想政治教育的时效性主要表现在以下几个方面：一是政治信息的传递时效性。政治信息是不断变化的，教师从获取信息到将信息传递给学生这个过程便是传递时效性。由于"互联网＋"的运用，教师可以在第一时间内将重要的政治信息传递给学生，从而有效提高传递时效性。二是学生的接受时效性。每个学生都是独立的个体，从接受到理解所需的时间不同，从教师将信息传递给学生到学生真正理解相关的政治信息便是接受时效性。高校思想政治教育工作者要有效利用"互联网＋"的方式，提高学生对于政治信息的理解力，从而提高教学的时效性。三是学生的运用时效性。即学生在教学课堂中所接受的政治思想在未来的生活中能否正确运用，运用时间的长短便称为运用时效性。高校对学生进行思想政治教育便是为了提高学生的运用时效性，使用"互联网＋"技术，有助于促进高校思想政治教育方式的创新、改革，也为思想政治教育添加了许多新的元素。高校传统的思想政治教育主要是通过课堂教学来完成的，与"互联网＋"技术下的思想政治教育相比具有时间和空间上的限制。"互联网+"技术下的高校思想政治教育不仅提高了教学效率，还有效提高了教学的时效性，在"互联网+"技术下的思想政治教育主要是通过网络和移动终端设备完成的，学生实现了线上学习，教师可以线上教学，不仅不受时间和空间的限制，更扩大了受教人群，丰富了思想政治教育的内容，也提高了学生学习的积极主动性。"互联网+"技术下的思想政治教育方便了学生线上交流与沟通，使得学生养成互联网思维，不仅增加了学生获得信息的途径，也提高了学生的学习效率。线上教学形成网络共享资源，使得更多人在线上接受更丰富的教育，从而提高自身的思想政治素养。总而言之，互联网技术与高校思想政治教育的深度融合不仅促进了教育事业的改革与创新，也提高了高校思想政治教育教学的时效性和教学效率。

2. 大数据技术的运用，提高高校思想政治教育的导向功能

大数据是指无法在一定时间范围内用常规软件工具进行捕捉、管理和处理的数据集合，需要新处理模式才能具有更强的决策力、洞察发现力和流程优化能力的海量、高增长率和多样化的信息资产。大数据主要有五个特点：大量、高速、多样、低价值密度、真实性。研究机构 Gartner 这样定义大数据，需要新处理模式才能具有更强的决策力、洞察力以及流程的优化能力，从而适应海量、高增长率和多样化的信息资产，而大数据技术的意义在于对数据进行专业化的处理，即经过加工数据从而实现增值。由于社会高速发展、"科学技术"不断进步，信息流通快速等，人们网上的交流越来越密切，大数据技术就是这个高科技时代的产物。2015 年 8 月 31 日，国务院印发《促进大数据发展行动纲要》，《纲要》中提出要推动大数据的发展和应用，从而推动各行各业的发展。本文中主要指的是在高校思想政治教育过程中使用大数据技术以增强思想政治教育的导向功能。高校对学生的思想政治教育主要包括社会主义核心价值观的教育、马克思主义理论教育、党的路线方针政策教育以及理想信念教育，从而促进学生树立社会主义核心价值观，树立正确的世界观、人生观、价值观，做一个合格的社会主义接班人。高校思想政治教育工作者可以通过大数据技术的使用，即通过数据的分析和对比了解学生的喜好、兴趣点，从而找到

合适的话题，以对学生起到有效的导向作用。大数据的高速特征也可方便高校教育工作者及时掌握学生参与活动的积极度，对学生的学习现状以及参与现状进行有效监督，教育者可以在较短的时间内掌握学生的状态，从而有效地引导学生的思想，有效提高学生学习的效率和质量。另外，大数据的精确性更提高了高校思想政治教育工作者对学生的导向作用。比如说学生在日常生活中浏览网页、App等都会留下痕迹，学生在图书馆借阅书籍也会出现在数据库中等，学生的日常生活、学习、工作等都会在大数据中留下印记，可以通过这些数据有效了解学生的思想状态，掌握学生的兴趣方向，知晓每个学生的不同之处，从而可以针对不同学生进行分别教育，对学生的政治思想进行有效引导，促进学生树立社会主义核心价值观，提高政治意识。

3. 全媒体的运用，坚定了高校思想政治教育的主流价值观

全媒体指的是媒介信息传播采用文字、声音、影像、动画、网页等多种媒体表现手段，利用广播、电视、音像、电影、出版、报纸、杂志、网站等不同媒介形态，通过融合不同网络形态，比如广电网络、电信网络以及互联网络，最终实现以电视、电脑、手机等多种终端均可完成信息的融合接受，从而实现任何人、任何时间、任何地点以任何终端获得任何想要的信息。全媒体主要有以下几个特点：第一，全媒体是掌握信息手段的最大化集成者；第二，全媒体体现各种媒体的融合；第三，全媒体在传播市场中主要表现的特征是大而全。全媒体是媒体融合的必然结果，在媒体融合背景下高校进行思想政治教育，应该把握好全力建设全媒体时代的机会，坚定高校政治思想教育的主流价值观，才能够帮助学生树立正确的价值观。目前，全媒体的发展正处于各种媒体资源互通和共享、增加更多的传播方式阶段，高校思想政治教育应该把握好全媒体的技术优势和特点，促进高校思想政治教育，比如说通过全媒体融合促进高校思想政治教育内容、主流价值观念传播，从而坚定思想政治主流价值观，提高学生对社会主义核心价值观的理解，也为高校思想政治教育工作指明思想政治教育方向。高校思想政治教育工作者可以通过全媒体，打破传统师生关系的壁垒，拉近与学生之间的关系，加强与学生的沟通与交流，从而更加理解学生，

有利于提高教学效率，并加强学生对主流价值观的认可与理解。此外，全媒体的应用还可以有效避免出现不同部门、单位、课程以及软件出现教育资源共享不协调，工作协调不当以及资源难以统筹的问题。全媒体建设首先在网络平台上实现了有效的融合，比如说微信、微博、手机端、网络、客户端等，从而促进信息的传播更加全方面；其次，全媒体实现了多种媒介的结合，从而增加了信息的公信力和影响度。所以说高校思想政治教育使用全媒体技术不仅有助于促进思想政治教育内容的多样化，还有助于坚定高校思想政治教育的主流价值观，提高教育者和被教育者对主流价值观的认同和理解程度。其一，全媒体是一次采集、多次加工、多处投放的方式，高校思想政治教育可通过全媒体进行投放，不仅能够增加影响力，还可为高校节约人力，提高传播的效果。思想政治教育可以利用全媒体互通共享、多处投放的优势，更好地引导学生的思想观念，同时也可促进信息在学生之间的流通，实现优秀思想观念在学生之间的传播，发挥高校思想政治教育的主流价值观。其二，全媒体平台不断优化的技术，可以促进教育者与被教育者的沟通与交流。其三，全媒体属于媒介网络，这将开启教育的新模式，即网络教育，促进我国高校教育事业的发展。高校应该利用全媒体平台，壮大主流价值观的导向作用，在传播的过程中，帮助大学生树立正确的价值观，引导学生如何正确地认知与分析各类信息。全媒体平台在高校中的应用，可以提高高校思想政治教育的效率，减少不必要的消耗，拉近教育者与被教育者之间的联系，同时，在全媒体平台大力宣传主流价值观有助于以主流价值观为主要内容的校园文化的建设，引导大学生培育与践行社会主义核心价值观。

4. 高校思想政治教育的传播方式被"三微一端"的发展改变

"三微一端"指的是微博、微信、微视以及客户端。微博即微型博客的简称，也是博客的一种类型，是一种通过关注机制分享简短实时信息的广播室社交网络平台，是基于用户关系信息分享、传播以及获取平台。用户可以通过 WEB、WAP 等各种客户端组建个人社区，还可实现即时分享。微信是腾讯公司推出的一个为智能终端提供即时通信服务的免费应用程序，微信支持跨通信运营商、跨操作系统平台,通过网络快速发送免费语音短信、视频、图片以及文字。微视也是腾讯旗下短视频分享社区,作为一款给予通讯录的跨终端跨平台的视频通过软件,其微视用户可通过 QQ 号、腾讯微博、微信等账号登录,可将拍摄的短视频进行共享。一端指的是移动客户端,即可以在手机终端运行的软件。"三微一端"的发展为我国的信息传播方式提供了新的发展方向,同时也改变了高校思想政治教育的传播方式。随着智能手机的普及以及大数据时代的来临,移动客户端拥有了更加广泛的受众人群,也提高了传播效率,在高校思想政治教育的日常宣传工作中占据了极其重要的位置。"三微一端"还可同时呈现互动内容,实现跨平台的联动,多平台同时发布。

高校的思想政治教育可以使用微信传播思想政治的教育内容,这相较于传统的传播方式更有效且便捷。

首先,在信息爆炸的当今,可以利用微信的圈群文化传播思想政治教育内容,方便学生利用碎片时间学习和感受,不仅能够吸引大量的学生人群,还有助于提高学生对信息的接受和理解程度。

其次,高校思想政治教育可使用微信公众号的功能。微信公众号的推文具有感染力,且有助于高校教育工作者对内容的调整,引导学生树立正确的思想政治观念,丰富思想政治的教学内容。同时,微信公众号的推文向学生的兴趣点靠拢,教学内容偏向"流行化"和"本土化",并以短小精悍为主,还会添加一些流行性图片或者搞笑图片,以提高学生对推文的兴趣,这也从侧面反映出当代的思想政治教育以学生为主的特点。总而言之,微信公众号在高校思想政治教育过程中的应用,提高了学生对思想政治教学内容的兴趣,也增加了学生在学习过程中的趣味感,减少了枯燥感。

高校的思想政治教育中也使用了微博。微博是一个集点评、转载、直播功能于一体的 App。当代大学生中微博的使用量也占了极大部分,高校使用微博,在微博上进行思想政治课堂的教学直播,不仅可以制造话题,还有助于促进教育者与被教育者之间的互动,活跃教学氛围。

微视以短视频发布和分享为主,高校可以利用微视的特点发布一些政治短视频，以提高学生的政治修养。比如说发布短视频，引起学生的共鸣，促进主流文化在学生之间的传播。

　　移动端是信息传播移动化的标志。目前随着智能移动端的发展与进步，移动端成了学生获取信息的主要来源，各种 App 也纷纷转向移动端，形成了网络主流文化，这对于高校思想政治教育也产生了很大的影响。移动端具有便捷性、时效性与交互性的特点。便捷性即通过智能手机便可直接连接网络，获取所需要的知识，浏览相关的网络资源；时效性即通过智能移动端可以即时接收到相关的信息；交互性，即使用者可以使用移动端与他人进行有效交流，还可以成为信息的传播者和接收者。使用移动端传播思想政治教学内容一来方便学生的学习不受空间与时间的限制，二来增加了高校思想政治教育的传播途径，从而扩大影响力，促进主流文化的建设。

　　总之，"三微一端"的应用，改变了高校思想政治教育的传播方式的同时，提高了学生学习的积极性。"互联网＋"、大数据技术、全媒体以及"三微一端"的融合使用对高校思想政治教育有着重要的现实意义。

第二章

媒体融合背景下高校思政课社会主义核心价值观教育

第二章　媒体融合背景下高校思政课社会主义核心价值观教育

马克思主义告诉我们理论和实际要相统一，我们对于理论的研究最终总是要服务于现实，这也是不断提升理论的必要条件。研究媒体融合的大背景下高校的思政课社会主义核心价值观教育，就要充分理解社会主义核心价值体系和社会主义核心价值观的内涵，了解高校社会主义核心价值观教育的机遇和挑战，以便融合利用网络媒体为核心价值观教育服务，紧紧抓住机遇，勇敢迎接挑战，开创新途径，为中国特色社会主义建设培养有用人才。

第一节　社会主义核心价值观

一、社会主义核心价值体系

社会主义核心价值体系是在探索建设中国特色社会主义过程中，反映我国社会主义发展目标、客观要求以及我国广大人民群众的根本诉求，立足于我国当前社会主义生产方式之上的具有完整结构的价值系统。党的十七大报告指出：社会主义核心价值体系是社会主义意识形态的本质体现。党的十八大报告指出：社会主义核心价值体系是兴国之魂，决定着中国特色社会主义发展方向，要用社会主义核心价值体系引领思潮、凝聚共识。

社会主义核心价值体系的基本要素，即马克思主义指导思想、中国特色社会主义共同理想、以爱国主义为核心的民族精神和以改革创新为核心的时代精神、社会主义荣辱观。

一是坚持马克思主义的指导思想。以马克思主义为指导的中国特色社会主义理论体系，不单单是一种关于无产阶级运动发展规律的理论学说和意识形态，也是对社会主义、中国特色社会主义价值内容、价值的合理性及这种价值实现条件、基本路径的一种在价值意识上反映和抽象思维的成果，并蕴含着一定的价值原则。随着当前我国改革开放进一步深入，各种思潮和文化相互激荡，如何在这种背景下坚持中国特色社会主义道路和前进方向，就成为我国社会主义核心价值体系所面临的首要问题。如果不坚持一个根本性的指导思想和发展原则，那么在中国特色社会主义建设过程中就会出现找不到方向、迷失自我的问题。马克思主义是关于自然界、人类社会和人类思维的发展的普遍规律的科学，是关于人的全面发展、全面解放的科学。同时也是中国特色社会主义的指导思想和理论基础，并在历史实践中展现出强大的生命力。

二是中国特色社会主义共同理想。树立中国特色社会主义的共同理想，就是要坚定对中国共产党领导、中国特色社会主义道路、全面建成小康社会目标的信心和信念。中国特色社会主义共同理想是对我国社会、各族人民所追求的未来美好发展前景的价值认同，同时也代表和体现了我国广大人民群众的根本利益。中国特色社会主义共同理想是我们党总结过去历史经验教训，结合我国现阶段社会发展的客观要求和人民群众根本利益的客观需要而提出来的，因而中国特色社会主义理论体系既是对现有客观现实的超越，体现、凝聚并引领全国各阶层各族人民根本利益和价值诉求，同时也是基于具体客观实际的、具有现实内容的一种主客观统一的价值理想。当前我们正处于社会转型、经济体制转轨的重大变革时期，这一时期我国凸现很多社会矛盾，如贫富差距、社会发展的公平正义等社会问题，还有社会上出现的理想信念动摇、思想道德滑坡、功利主义、拜金主义等问题。要解决这些问题，就需要在全社会凝聚共同建设中国特色社会主义的理想信念，为保证全体人民团结奋斗、克服当前困难提供强大精神动力支撑。可以说，中国特色社会主义共同理想，是对我国现实社会中各种利益关系的内在矛盾进行科学分析抽绎出的客观规律性的认识，是对社会核心主体也就是阶级主体即最广大人民群众这一价值主体的根本利益和长远利益的科学把握,既反映当下、也超越当下。

三是以爱国主义为核心的民族精神和以改革创新为核心的时代精神。爱国主义强调的是从国家、民族这个利益主体出发,强调我国在中国特色社会主义发展进程和改革开放的伟大历史实践中所迫切需要的,以国家认同、民族认同、中国特色社会主义认同为基调的全国各族人民团结一心、共同奋斗、开拓进取的价值取向。爱国主义是中华民族在五千多年历史发展中、在国家发展中形成的一种核心的民族精神和国家观念,是维系着中华民族团结统一、存在和发展,立足于世界民族之林的核心精神支撑。爱国主义的民族精神,是在中华民族、国家形成和发展过程中逐渐形成的,也是在中国传统文化的不断滋养当中逐渐形成的,凝聚着中华民族对世界和未来的历史认知与现实感受,积淀着整个民族内心最深层的精神追求和行为准则,主导国民思想并指导其行为方式。任何社会的发展和进步都不能割断其与历史的联系。我国传统文化中自强不息的文化精神就对促进我国社会主义生产力的解放和发展起着很大的促进作用。"天行健,君子以自强不息"的命题,是两千多年来一直激励着国人奋发向上的文化精神动力之一,也成为民族精神的重要组成部分。在建设中国特色社会主义道路上,我们面临西方国家的技术封锁、经济打压、文化渗透等多重问题,凭借着自强不息的民族精神,在积极向上、奋发自强的文化环境下,我国的社会主义事业才能冲破西方资本主义阵营的重重阻挠,大胆实行改革开放、走向社会主义现代化强国的道路。

四是社会主义荣辱观。社会主义荣辱观体现了社会主义合格公民在日常生活当中道德规范和行为规范上的基本要求和价值取向。胡锦涛同志曾强调:要引导广大干部群众特别是青少年树立社会主义荣辱观,坚持以热爱祖国为荣、以危害祖国为耻,以服务人民为荣、以背离人民为耻,以崇尚科学为荣、以愚昧无知为耻,以辛勤劳动为荣、以好逸恶劳为耻,以团结互助为荣、以损人利己为耻,以诚实守信为荣、以见利忘义为耻,以遵纪守法为荣、以违法乱纪为耻,以艰苦奋斗为荣、以骄奢淫逸为耻。社会主义荣辱观也体现了以爱国主义为核心的民族精神、为人民服务的人生观、集体主义的价值观、艰苦奋斗的共产主义作风、社会主义经济条件下社会公德和公民准则等。社会主义荣辱观明晰了中国特色社会主义条件下符合我国经济社会发展的现实需要以及广大人民群众根本利益的道德评判标准，具有时代性、民族性和历史传承性。

社会主义核心价值体系的四个要素相对独立，各有其特定内涵。同时，又是相互联系、相辅相成的。即坚持马克思主义指导思想，是社会主义核心价值体系的灵魂；树立共同理想，是社会主义核心价值体系的主题；培育和弘扬民族精神和时代精神，是社会主义核心价值体系的精精髓；树立和践行社会主义荣辱观，是社会主义核心价值体系的道德基础。

二、社会主义核心价值观的具体内涵

核心价值观，承载着一个民族、一个国家的精神追求，体现着一个社会评判是非曲直的价值标准。习近平总书记2014年5月4日在北京大学师生座谈会上指出："核心价值观，其实就是一种德，既是个人的德，也是一种大德，就是国家的德、社会的德。国无德不兴，人无德不立。如果一个民族、一个国家没有共同的核心价值观，莫衷一是，行无依归，那这个民族、这个国家就无法前进。"

社会主义核心价值观的具体内涵："富强、民主、文明、和谐，自由、平等、公正、法治，爱国、敬业、诚信、友善"。其中，"富强、民主、文明、和谐"是国家层面的价值要求；"自由、平等、公正、法治"是社会层面的价值要求；"爱国、敬业、诚信、友善"是公民层面的价值要求。

社会主义核心价值观传承着中华民族传统文化的基因，寄托着近代以来中国人民上下求索，历经千辛万苦确立的理想和信念，也承载着每个人的美好愿景。虽然这里将社会主义核心价值观的内涵细分为三个层面，但其终究指向的是我国公民同国家和社会间的关系，即包含政治、经济、文化等在内的人与社会和人与自身的关系，而这种价值关系中，其价值主体最终自然是当前我国社会主义条件下最广大的人民群众。一般地说，人对自身的任何关系，只有通过人对其他人的关系才能得到实现和表现。只有通过处理与他人、与社会的关系才能体现和实现自己的理想人格，而社会层面和公民个人层面的价值观就是我国社会主义社会条件下指导个人处理人与人和人与社会关系的价值评判标准，具有极强的现实意义和指导价值。

首先，从我国社会主义核心价值观的生成上看，社会主义核心价值观是在中国共产党领导的我国社会主义革命、建设和改革的历史实践中生成、丰富、发展起来的。有学者这样指出，我国社会主义核心价值观经历了由以阶级斗争为纲到以发展经济为中心、到以发展生产力为中心、再到以人为本的转换，内容非常丰富，集中体现在毛泽东思想、邓小平理论、"三个代表"重要思想、科学发展观与习近平新时代中国特色社会主义思想以及党的一系列路线、方针、政策之中，体现在中国特色社会主义理论体系之中。可以说，社会主义核心价值观不仅是中国共产党对自己的价值承诺和价值追求，也是对人民的需要和意志的表达，是与我国各民族、各阶层人民群众融为一体的历史性的价值承诺，因而也是我国全民共享的核心价值观。

其次，从社会主义核心价值观的内涵与特征上看，社会主义核心价值观在我国社会主义的长期实践中孕育形成，为我国社会所共有的一种最为稳定、最为根深蒂固的内核观念；是我国社会价值观念的结构系统中处于核心位置、在价值观念体系中起主导和支配作用的价值观；具备核心价值观所具有的稳定性与引领性、统摄性与认同性等特性。同时，任何社会的核心价值观都具有民族性、阶级性与意识形态性等特性，社会主义核心价值观也同样具有自己的特性，我们可以从以下几个方面加以把握：

一是社会主义核心价值观是社会主义核心价值体系的内在核心。社会主义核心价值观是将社会主义核心价值体系中马克思主义指导思想、中国特色社会主义共同理想、以爱国主义为核心的民族精神和以改革创新为核心的时代精神、社会主义荣辱观这几个内容要素联系、贯通起来的核心价值理念，是促成、串联和维系社会主义核心价值体系这个"有机整体"和"整体框架"的内核与根本取向。社会主义核心价值观的价值主体是我国广大人民群众。价值的主体性特性使得主体问题在价值观中居于至关重要的地位，核心价值观尤为如此，其涉及为谁共享这一根本价值问题。国家的存在是为了保障每个公民的利益得以充分实现。国家层面的富强、民主、文明、和谐，因为其能够成为满足个人通向自身全面发展的价值诉求而具有价值。我国的社会主义核心价值观是为我国最广大人民群众所有并为了促进每个个体的全面发展而提出的。所以说，社会主义核心价值观是社会主义核心价值体系的内在核心。

二是社会主义核心价值观是我国社会主义历史实践的价值取向。历史的实践和思想体系的丰富发展赋予了社会主义核心价值观牢固的实践根基和不竭的生命力。由于内外部环境的影响，我国社会中一部分人的价值观念、社会心理还处于相对不稳定甚至是迷茫之中，我们既要充分肯定社会主义精神文明建设取得的成就，也要清醒看到一些社会成员信仰缺失、价值观混乱的状况。"全球化'时空压缩'形成了一个'前现代''现代'和'后现代'在同一时空境遇中同时呈现与交织的图景，其现代性解构和重构的双重作用逐渐显现，出现中西价值观共时共存、前后现代文化共潮共涌、主流意识形态与非主流意识形态共生共长的现象"。社会主义核心价值观虽然是经过思维加工、抽象凝练的精神产品，但它是基于历史现实的、具体的价值选择和根本评判准则，呈现出具体性、历史性和超越性。目前我国面临的发展不平衡、不协调、不可持续，城乡区域发展差距和居民收入分配差距，一些领域道德失范、诚信缺失等问题，以及网络空间散布扰乱社会的谣言等意识形态领域斗争等问题，这些都是当前我们培育社会主义核心价值观所要面临的现实问题。

第二节 社会主义核心价值观教育的紧迫性和可行性

无论是从社会主义核心价值观意识形态本质和思想政治教育阶级性特性的同质性来看，还是从社会主义核心价值观的导向引领功能和思想政治教育的导向和育人功能的一致性来看，社会主义核心价值观的教育都是高校思政课的重要课题。本节主要分析高校进行社会主义核心价值观教育的紧迫性和必要性。

第二章 媒体融合背景下高校思政课社会主义核心价值观教育

一、社会主义核心价值观教育的紧迫性

在全球化的背景下，西方国家的"西潮"随时随地、全方位地渗透资本主义"优越"的"论潮"，企图污蔑中国共产党的领导，诽谤社会主义道路，并用尽伎俩利用青少年价值观成长期的不成熟，腐蚀拉拢诱惑大学生，企图占领舆论领域，如何使得大学生牢固树立社会主义核心价值观，已经成为我国思政教育面临的重大课题，具有越来越紧迫的意义。

其一，社会主义核心价值观教育是加强主流意识形态的需要。融媒体背景下，大学生的就业方式、利益关系和分配方式日益多样化，其思想活动的独立性、选择性、多变性和差异性进一步增强。在价值领域，出现了一些不容忽视的问题：一些大学生失去人生的目标和方向，内在心灵世界没有依归，出现"价值真空"状态；"价值多样"而导致无所适从的现象比较突出；网络自媒体上，各种价值观展现，社会对大学生的价值取向缺乏有说服力的分析和引导，出现了"价值错位"；社会的宣传舆论与大学生的实际观念存在断裂，出现了"价值悬置"。价值真空、价值失落、价值多样、价值混乱、价值扭曲、价值错位和价值悬置，综合起来又导致了"价值虚无"的状况，而在大学生的精神生活世界里，存在着新和旧、先进和落后、真善美和假恶丑等多重矛盾，同时还存在不少现实问题：如一些领域道德失范，拜金主义、享乐主义、个人主义滋长；封建迷信活动和黄赌毒等丑恶现象沉渣泛起；假冒伪劣、欺诈活动成为社会公害；文化事业受到消极因素的严重冲击，危害青少年身心健康的东西屡禁不止；腐败现象在一些地方蔓延，党风、政风受到很大损害；有的大学生国家观念淡薄，对社会主义前途产生困惑和动摇。所有这些都严重地败坏了党风、政风和社会风气。"一种正确的价值观念，不仅为建构一个合理社会提供了思想基础，而且为一个民族的团结一致提供了凝聚力。"因此，我们在总体上肯定多样化民众意识对社会发展起积极作用的同时，也要清醒地看到其对主流意识形态形成的冲击和挑战，这就亟须加强对大学生社会主义核心价值观的正确引领和积极引导。

其二，社会主义核心价值观教育是培养中国式现代化建设人才的需要。

人的现代化既是人类社会现代化的基本内容，又是社会现代化发展的必然结果，两者相辅相成，相互促进。人的现代化包括思想观念、思维方式、人格品质、生活方式的现代化，其中价值观是最重要的方面。我国在经济体制、技术设备和管理方法等方面实现了从落后到现代的根本性转变，但社会成员，尤其是青少年却没能实现相应的转变，不能满足社会主义现代化建设的需要。因此，高校思政课可以针对大学生思维活跃的特点，充分利用融媒体等现代工具，引领大学生树立社会主义核心价值观，涤荡和矫正大学生头脑中的落后观念和错误观念，正确引导大学生传播正能量，辨别真善伪，用社会主义核心价值观体系理论武装自己，真正实现从传统到现代的转型。

其三，社会主义核心价值观教育是建设高校和谐校园的需要。融媒体背景下，互联网空间中多种思潮显现，大学生容易出现理想信念的弱化，这样就会削弱高校师生团结奋斗的共同思想基础。社会主义核心价值观不但能为人们的价值实践活动提供明确的价值目标、价值评价标准和价值实现手段，而且能够给人们的生活赋予意义、释放内心的焦虑、提供安身立命的精神家园，有助于消解因功利价值过度膨胀所带来的压力。大学生群体涉及千家万户，大学校园的和谐稳定，是中国各行各业稳定发展的重要因素。

二、社会主义核心价值观教育的必要性

邓小平曾深刻地指出："无论哪一种势力或哪一种派别的文化工作，都是服从其政治任务的。"西方资本主义大国所谓的全球文化战略，实质上就是意识形态战略。根据文明发展规律，先发的文明对后发的文明具有强大的渗透、挤压乃至同化作用。"文化帝国主义"一直以来在有目的地对我国进行文化侵略，试图在我们的青年大学生中进行西方文化的灌输，其根本特征是以施加文化、价值观方面的影响作为推行和平演变的主要手段。因此，高校进行社会主义核心价值观教育就显得非常必要。

其一，从国际背景来看，社会主义核心价值观的建构是抵御"文化帝国主义"渗透、保护中国特色社会主义文化安全的需要。当前，经济全球化、政治多极化和多元文化迅猛发展的世界格局，使各种价值观的冲突与融合变得愈

来愈频繁。思想文化领域的扩张与反扩张、渗透与反渗透的斗争日趋激烈，尤其是以快捷性、方便性和开放性为基本特征的媒体融合，使保持文化多样性和反对"文化帝国主义"的斗争变得更为复杂。"西方，特别是美国，认为非西方国家的人民应当认同西方的民主、自由市场、权力有限的政府、人权、个人主义和法制的价值观念，并将这些价值观念纳入他们的体制"。美国中情局提出的对华《十条诫令》，其核心就是要通过经常的、持久的文化宣传，将美国的价值观、审美观和生活方式灌输给中国人民尤其是中国年轻一代，使中国年轻一代动摇爱国主义精神，丧失理想信念，沉溺于对异性的追求，对金钱物质的迷恋。美国智囊库兰德公司于1999年6月向美国政府提出的建议报告称，美国的对华战略应该分三步走，其中第一步就是"西化、分化中国，使中国的意识形态西方化，从而失去与美国对抗的可能性。"美国这种咄咄逼人的攻击性输出战略所具有的"强势"特点，给我们维护社会主义文化安全造成了显而易见的压力。这种挑战客观上要求我们必须从战略高度强化警觉意识，做到警钟长鸣，以更加积极、主动的心态建设社会主义的"强势"文化，决不能在敌对意识形态话语面前"沉默失语"。在西方反共反华势力利用其价值观向我们发起冲击的时候，如果我们不坚持、弘扬和发展我们的主流文化，不坚持、弘扬和发展社会主义核心价值观，那么，我们的民族文化、民族凝聚力和社会主义文化、社会主义凝聚力就会面临着被削弱、被瓦解的危险。

其二，社会主义核心价值观教育是凝心聚力的法宝。建构社会主义核心价值观，有利于我们充分认清西方文化帝国主义的实质，警惕西方文化帝国主义的渗透，粉碎其"西化""分化"的图谋；有利于保护中华民族的优秀传统文化和价值观念免受异质文化的渗透、控制、同化和侵略，保护中华民族价值观念、生活方式的民族性和独特性以及意识形态的自主性，保护中国特色社会主义的文化安全。从中国近代历史来看，鸦片战争之后的100多年时间，国家之所以处于落后、停滞不前的状态，除了政治、经济、军事等因素外，一个很重要的原因就是社会价值观多元并存，因缺乏核心的主导价值观导向而使得人们的思想混乱，行为失范，社会因缺乏凝聚力而灾难深重。历史启示我们，核心价值观的建设和科学而有力的价值导向是凝心聚力的法宝。

第三节　社会主义核心价值观教育目标

社会主义核心价值观教育目标,是指通过社会主义核心价值观教育活动所要达到的预期效果。社会主义核心价值观教育目标反映了其教育最为基础和本质的期望和要求,是整个社会主义核心价值观教育活动的出发点和最终归属。因此,对教育目标的分析和论述是我们认识和把握社会主义核心价值观教育的必要起点。

第一,横向目标。就整个社会主义核心价值观教育活动的目标而言,较具代表的观点是将其分为社会目标、个体目标以及社会目标同个体目标的统一。社会目标主要是从社会主义核心价值观教育服务于我国社会发展的这一角度出发,并具有意识形态的属性,强调在价值取向的多样性与差异性中坚持社会主义核心价值观的主导性。因此其社会目标主要体现于以社会主义核心价值观、核心价值体系引领思想、凝聚精神、稳定社会这几个方面。党的十八大报告中强调的"用社会主义核心价值体系引领社会思潮、凝聚社会共识""把广大人民团结凝聚在中国特色社会主义伟大旗帜之下",就是对社会主义核心价值观教育活动的社会目标很好的概括。

而个体目标则是更为关注个体自身的发展,促进个体自身价值的实现。党的十八大报告中指出"丰富人民精神世界、增强人民精神力量"就体现着对个体的关切。社会主义核心价值观教育活动的个体目标,在于对个体作为合格公民应具备的价值观的教育养成、促进道德水平的提升,在于理想人格的塑造以及中国特色社会主义理想信念的培养上。同时,社会主义核心价值观教育的社会目标和个体目标是内在统一的,是社会工具价值同人的自身价值的统一。这既体现于社会主义核心价值观教育对我国社会主义合格建设者和接班人的培养目标上,也体现于从个人的发展角度确立教育目标、将社会主义核心价值观教育融入个体的社会性发展需求之中。

第二，纵向目标。社会主义核心价值观教育目标具有层次性特点，这同教育对象的多样性以及其价值认识能力的层次性有关。根据社会主义核心价值观的"三个倡导"，从国家战略、社会规范和公民要求的三个层面对其进行划分：首先，公民个人的爱国、敬业、诚信、友善既是核心价值观的落脚点，也是其最为基础的目标。这种基于个体层面的价值判断标准，是个体公民的最基础要求，也是其具备基本价值判断和价值选择能力的体现。其中，以诚信、友善为主的道德规范，历来在价值观教育中具有基础性地位。中央16号文件指出：思想政治教育，要以道德规范为基础，深入进行公民道德教育；要引导受教育者自觉遵守爱国守法、明礼诚信，团结友善、勤俭自强、敬业奉献的基本道德规范。其次，在个体基础要求之上的自由、平等、公正、法治的社会和谐与社会规范的核心价值观是重要目标。这一目标建立于基础目标之上，对于大学生的价值判断和价值能力提出更高的要求，其要求大学生能够正确处理个人与社会、个人与国家间的关系，对于人的社会本质规定、对社会主义具有更加深刻的了解和认识，因而能够在纷繁复杂、变化发展的环境下，尤其在面对西方资本主义浪潮不断的冲击和挑战下依然能够坚持正确的价值导向，摆脱西方"以物的依赖性为基础的人的独立性"的思想局限，正确认识和处理社会进步发展和自身个性自由发展间的利益关系。

最后，也就是最高一层，即我国国家发展的富强、民主、文明、和谐的最高价值目标。这一价值目标既是最高目标，也是理想目标，体现着社会主义制度的优越性和先进性。这要求大学生具有更为高级的价值理论修养和价值观念，同时还需要大学生树立共产主义理想，从科学的理论认知层面对人与社会关系进行深层把握，进而坚定对我国未来社会发展和我国社会主义道路的自觉与信心。

第四节　社会主义核心价值观教育原则

社会主义核心价值观教育原则是贯穿教育活动始终，并为社会主义核心价值观教育活动所要遵循的基本准则，对具体教育内容和教育方法起着导向和规范的作用。高校社会主义核心价值观教育要贴近大学生的思想特点，贴近大学生的现实要求，贴近大学生的精神诉求，遵循引领性、主导性、以人为本等原则。

一、引领性和主导性原则

引领性和主导性原则是指在社会主义核心价值观教育过程中，必须坚持马克思列宁主义、毛泽东思想、邓小平理论、"三个代表"重要思想、科学发展观、习近平新时代中国特色社会主义思想的一元指导地位，用社会主义核心价值体系和社会主义核心价值观引领价值观教育，帮助大学生以社会主义核心价值观为自己的理想信念导向、奋斗目标导向和行为规范导向。

对于马克思主义学习的重要性，毛泽东曾深刻指出："除了学习专业之外，在思想上要有所进步，政治上也要有所进步，这就需要学习马克思主义，学习实时政治。没有正确的政治观点，就等于没有灵魂。"

随着我国改革开放的不断深入以及融媒体的广泛使用，当前我国社会呈现出主流文化与非主流文化并存、先进文化与消极落后文化并存、东方文化和西方文化差异性并存的状况，这给高校思想政治教育、价值观教育带来很大挑战。在当前日趋复杂的国际国内环境下，对一些诸如"普世价值"的价值观推销成为西方进行意识形态渗透的主要方式。占领意识形态重要阵地，是高校思政课教育义不容辞的责任。习近平总书记在全国宣传思想工作会议上强调"宣传思想工作就是要巩固马克思主义在意识形态领域的指导地位"，因此，在社会主义核心价值观教育活动中不能错误、片面地采取西方教育学界曾一度倡导和流行的"文化相对主义"下的价值中立原则，而应当积极主动地以先进的社会主义核心价值体系、社会主义核心价值观引领我们的教育实践。

首先，马克思主义以及马克思主义中国化的先进理论成果作为社会主义核心价值观的理论根基，是我们在教育实践中所必须坚持的。

其次，在理论教育的基础上，要帮助大学生加深对我国社会主义建设的了解以及对社会发展规律的正确认识，并将自身发展同国家、民族、全人类的前途命运联系起来，自觉树立中国特色社会主义的共同理想和坚定信念。

再次，坚持社会主义核心价值观的价值取向。对于涌现出的先进模范事例要高度赞扬，对于不好的、丑恶的、负面的案例及思想观点必须理直气壮地予以批评和抵制，不能模棱两可、充当"老好人"的角色，而让学生陷入混乱。在是非荣辱、善恶美丑面前，要立场坚定、主动积极地以社会主义核心价值体系为准绳，为大学生提供判断是非得失、确定价值取向的基本准则。

二、以人为本原则

"以人为本"是思想政治教育的原则和教育理念，即"要求思想政治教育要把人作为主体和目的，而不仅仅是教育的客体和被改造的对象，把人作为教育的本质而不是单纯的教育结果"。

社会主义核心价值观教育强调坚持以人为本的教育原则和价值原则，其目的在于不断满足人民日益增长的精神文化生活需要、促进人的全面发展。在以人为本的原则下，必须突出两个要求：一个要求，就是在对社会主义核心价值观的凝练和总结中，必须真正把广大人民群众作为社会主义核心价值观的建构主体、践行主体。为此，必须深入人民群众的生活实际，将社会主义的本质规定和根本价值目标同人民群众的具体实践结合起来，进而提炼出广大人民群众衷心拥护、简练易懂的社会主义核心价值观。另外一个要求，就是在社会主义核心价值观的理论研究及其教育实践中加大人文关怀力度，在认识上不仅注重社会主义核心价值观的社会工具价值，还要深刻认识到教育的个体价值和目的价值，从优化和提升人的生存发展方式这一目的上来深化对社会主义核心价值观教育本质的认识。

与此同时，在高校思政教育教学过程中注重大学生的主体地位，改变以往单向灌输的模式，注重平等对话和双向互动。注重大学生主体在价值观的培育和养成上的内在生成机制和规律，因地制宜、因材施教地对大学生主体加以教育和引导。贴近大学生的思想特点、现实要求、精神诉求，用大学生易于接受、乐意接受的方式方法对其施加影响，而不是将大学生看作是教育中机械的客体对象。

三、整合性原则

整合性原则是指在高校思政教育中，在坚持社会主义核心价值观的一元主导地位的同时，还要本着开放和包容的态度，兼顾大学生对一切正当合法、不同类型及不同层次的积极价值追求，并将其整合到社会主义核心价值观的教育活动中来，实现社会主义核心价值观教育的主导性和多样性的统一。

首先，整合性原则并不与主导性相矛盾，恰恰相反，这正是由社会主义核心价值观本身的先进性、开放性和包容性特点所决定的。作为一种先进的价值观，社会主义核心价值观的生命力不仅体现其科学性和真理性，还体现其对各类文化中积极价值因素的汲取与整合以及对多样积极价值取向的包容与尊重。

其次，整合性原则还是由社会多样化和个体个性化的现实特征决定的。当前，我国社会生活领域的多样化促使社会个体的个性化发展，给我们的社会主义核心价值观教育带来挑战。只有坚持主导性和多样性的统一，兼顾不同个体的多样价值观取向，并将其整合到社会主义核心价值观的教育活动中，而不是盲目地予以打击，只有这样，才能满足并促使个体个性化与社会多样化的发展需要，才能使社会主义核心价值观教育真正发挥作用。

因此，在高校社会主义核心价值观的教育活动中，要关照到社会多样化发展的现实条件下大学生价值观的多样性和复杂性特点，以社会主义核心价值观为指导，做到主导性与多样性的统一，整合、优化、引导大学生的价值观念，使之将社会主义核心价值观内化于心，外化于行。

第五节 融媒体下高校社会主义核心价值观教育的新背景

随着媒体融合时代的到来，网络信息的传播速度得到了质的飞跃，同时，不同的媒体载体增加了信息传递的方式，让信息发布和接受的方式多元化，也直接导致了当下信息的爆炸式传播。新媒体的兴起，在为社会构建一个新的信息、传播、舆论等社会环境的同时，也使得高校社会主义核心价值观教育面临全球化、多元化、复杂化的客观环境。

一、全球化的复杂信息传播环境

媒体融合背景下，信息技术、新媒体技术和新媒体传播手段成为当今推动信息国际传播的主要力量。由于突破地域限制、时效性、交互性等方面的传播特点，融媒体在国际传播中相较于传统媒体获得更多优势。融媒体超越了传统媒体平台之间的信息壁垒，打破了主流媒体在国际新闻市场的垄断局面，成为全球化传播的主要载体之一。新媒体由此也成为意识形态战的主要场所。美国前国务卿希拉里在2010年和2011年连续两次发表"关于互联网自由"的讲话，将互联网等新媒体作为美国政府向世界推销西方民主、政治渗透与和平演变工具的用意十分明确。同时，一些敌对势力大量培植新媒体舆论场意见人物、收买网络写手，组织反华分子在新媒体舆论场中大量传播各种危害我国国家安全的信息，搅乱思想，撕裂共识。刻意放大社会矛盾，借助历史虚无主义等错误思潮，蓄意诋毁中国共产党、社会主义国家形象，并形成一定舆论氛围。2011年，隶属美国国务院的美国之音全面停止旗下中文短波、中波及卫星电视广播，却转而专注网络及手机播出。在对华传播策略上，同样选择削减传统传播渠道，转向新媒体阵地的，还有BBC和"德国之声"。从传播内容上看，新闻、资讯、知识、图像、影音等信息在全球范围内近乎"零壁垒"地传播和自由流动。在信息传播全球化进程中，人们触及全球的体验不单单是地理上的感受，更多的是随时随地地接收来自全球各地的信息。由于现代传播媒介的飞速发展，信息传播以越来越快的速度、越来越丰富的内容直达受众终端，而信息源极有可能来自大洋彼岸。融媒体信息的肆意传播导致了非主流意识形态在新媒体环境中的非理性繁荣。大众参与性增强，意识形态把关弱化，浮游于社会角落的非主流意识形态大面积尘嚣于新媒体之上，如拜金主义、享乐主义、奢靡之风等，在新媒体环境中拥有相当的"市场"。

二、信息化的传播方式

信息化是新媒体传播的主要特征，主要表现为即时性传播、交互性传播、个性化传播和碎片化传播等方式。即时性传播指融媒体下，广播、电视、互联网在信息传播上打破了时空的限制，突出了信息传递的即时性特征。同时，信息基于新媒体的传播，除了具备广播、电视、互联网等其他电子媒介在信息传播中的即时性特征外，还融合了当下的移动终端设备，如手机、pad等，从而具备了移动性和贴身性的特征，使得用户可以做到随时随地、随心所欲地发布和传播消息。这更加丰富了传统电子媒体在信息传播中"即时性"特征的内涵。交互性传播是网络中常见的传播形态之一，与传统媒体如报刊、广播、电视等不同，在新媒体的传播场域中，信息不再是一对多的单向传播过程，而是一种多对多的双向传播形态，呈现出"所有人对所有人"的交互性传播特征，人们可以在新媒体的平台上，与不同的人、不同的话题进行即时、深入、打破时空限制的交流。这一点在诸如社交网站、微博、微信等新媒体中表现得极为明显。个性化传播指打破传统媒体单向传播局限，新媒体的出现使得每个人都成为信息的传播者。这使得人的主体性在新媒体传播中得到充分彰显，一方面用户自由自主地进行信息生产、传播和交流，一方面新媒体为用户提供着"议程设置"之外的、以受众为中心的信息内容和个性化的信息服务。碎片化传播指"微内容"和"微传播"越来越成为新媒体传播的主要形式，这点从博客、微客、抖音、快手等的盛行就可以看出，而所谓微内容和微传播，实则是新媒体碎片化传播的结果。相较于博客中短篇或长篇文章对受众的吸引，微博或是抖音、快手中短短几十个字、几个简短网络词汇、一段简短的视频等的"微内容"更加受到大家的追捧。造成这种原因的，既是由于受众在移动终端上时间停留的零散性所决定的，同时也由信息爆炸时代下信息来源、信息构成以及信息本身的多元化、复杂化和不完整性所决定的。

三、去中心化的传播格局

传统媒体环境中，主流媒体一元主导的传播格局使得大众信息来源主要由政府机构掌握，并主要呈现"传—受"的单向信息传播特征，使得传统媒体能够通过"议程设置"有组织、有计划、有目的地向公众传播主流政治意识和政治价值观，从而对公众形成有效的影响。然而新媒体的出现，交互性的传播特征形成了"传—受"的双向互动的信息传播特征，而社会公众也在新媒体的意见表达过程中,越发凸显自身在传播格局中的主体角色。这不仅打破了主流媒体的一元主导格局,同时显现出"去中心化"的格局特征。一是在信息的流向上,新媒体的交互性传播和个性化传播特征,使得信息传递方向不再是由传统大众媒体向受众的单一流向,而是呈现出非线性、网络状、开放式的特征。同时,新媒体也打破了传统媒体对信息的垄断和对舆论的控制格局,不再遵循传统媒体环境中由上至下、直线型的传播模式,而是多元化、去中心化、离散型、重反馈的多向互动型传播模式。二是在传播渠道上,新媒体环境下的信息传递,不再局限于某一个主流媒体或是某一种媒介载体,而是多媒体、多样态、立体化的新媒体平台。三是在传播主体上,人人即媒体的时代已经到来,新媒体使大众传播变为小众传播、分众传播,每个人都能够以人人都拿话筒、人人都持摄像的姿态在自己所处的传播圈内进行有效的信息传播活动,并成为信息来源中心,而在民间舆论场中逐渐形成的各种"网络意见领袖"也成为主导网络议程设置的重要力量之一。四是在传播话语上,民间与官方话语体系并存。随着近年来一些流行于新媒体的词语、概念、讨论议题,越来越多地通过各种途径、各种方式出现在公众视野中,它们被人们使用的频率也越来越多,使得民间新媒体话语大有与官方话语体系并存之势。

第六节 融媒体下高校社会主义核心价值观教育的新机遇

一、融媒体推动教育载体的丰富拓展

媒体融合在表面上看就是媒体的载体相互融合,每一种媒体形式都有着自身的媒体平台的支撑。由于信息技术的不断升级,当下的信息平台让不同的媒体平台可以相互合作、优势互补、功能相融,形成了一体化的信息传播和承载方式,让信息的传播渠道更加智能化、多元化。

在媒体融合的过程中,人们的生活也发生了许多改变。一方面,由于各种信息技术在生产、传播、互动等环节的融合,让大量的媒体用户得到了更好的体验。比如近年来新兴的 H5 页面、VR、大数据等技术,增加了用户对于信息

的使用方式，让用户可以感受到对于信息的沉浸式体验。另一方面，5G网络的推广也让各种网络直播平台、社区和自媒体更加兴盛，也间接导致了新型平台的涌现，拓宽了信息传播的渠道。当代的信息传播越来越依赖于网络，而随着互联网技术的不断迭代发展，智能手机等移动设备得到了普及，让移动成为人们优先考虑的对象。

媒体融合促进教育载体的网络拓展，也为高校社会主义核心价值观教育活动带来新的载体。其中既包括组织形式上的活动载体和管理载体，也包括作为教育信息承载工具的新媒体媒介载体。

就组织形式而言，新媒体帮助教育者能够超越课堂、讲座的时空限制而与大学生进行在线互动交流，也能够根据大学生在不同地点、不同时间的媒介需求对其进行有针对性的个性化教育。如基于微博、微信公众号等网络平台的教育组织形式，借助网络新媒体开展的一对一"在线问答""在线服务""心理咨询"，以及一对多地发起社会主义核心价值观相关在线主题活动等。

就管理载体而言，新媒体一方面为高校思想政治教育工作者提供了了解大学生思想动态、价值倾向的信息获取平台，另一方面诸多高校也针对新媒体上信息和服务的纷繁芜杂、自由度空前提高等现象，创新网络舆情预警机制、相应的管理办法和在线思想工作体系等等。

就媒介载体而言，新媒体本身所具有的信息传播快捷性、开放性、互动性、平等性等特性使得其成为能够承载核心价值观教育信息的工具性载体。教育者与教育对象可借助个人微博、微信、朋友圈、网络论坛等新媒体实现教育信息的传播、反馈与双向沟通。新媒体融合了报纸、杂志、广播、电视、互联网等多种媒体的传播手段，在传播内容上集成文字、声音、图片、视频于一屏，丰富了信息的展现形式，使得教育对象能够获得除"黑板、书本、教材"等传统、静态的展现形式以外更多的综合感官体验。此外，与一般多媒体课件教学所需的硬件设备和相应计算机技术相比，新媒体的融媒体特性以及信息化传播特征使得教育者可以更加容易地将教学内容所需的文本、图像、视频等信息进行编辑、选取并传递给教育对象。这对于那些一线教育者，尤其对多媒体课件创作工具（如现代教育信息技术中多媒体课件制作所需的音频工具软件、图形图像工具软件、视频编辑软件等）掌握水平较低的教师来说，不仅可以有效降低教育课件制作的时间和技术成本，也一定程度上增加了其基于新媒体技术条件的社会主义核心价值观教育活动的可操作性。

二、融媒体促进教育方法的现代化

教育方法是教育者为实现教育目标、传递教育内容，对受教育者采取的一定教育方式与手段，而这种方式与手段的选择又受制于主体、客体及环境所处的客观历史条件。

融媒体对高校大学生社会主义核心价值观教育方法的影响，至少体现于三个方面。

其一，促进了教育方法的现代化发展。新媒体环境下教育主体与教育对象间的平等性、交互性特点，使得教育者在方法论的层面上越来越多地注重于从传统的"我说你听"到平等交流、从单向灌输到双向互动等彰显教育主体间性的现代化转变，进而在教育实践中发展出诸如强调主动灌输和互动交流相结合的主体交互法、与新媒体传播相契合的隐性教育法。新媒体的融合让信息的传播途径得到扩展，让融媒体成了受教育者获得信息的主要渠道。媒体融合带来的载体融合也使高校思想政治教育者对教育的传播得到了一体化推送的高效方式，极大地提高了教学内容的覆盖率，让教学内容在线上实现多途径传输。媒体载体的融合也让校园 APP 的乱象得到了改善和控制，有利于线上教育渠道的不断优化。

其二，为教育手段与工具注入新的技术含量，推动教育方法的整合创新。近年来，无论是理论界，还是身处教育一线的教育者，都积极研究、学习网络新媒体相关的信息技术、传播技术等，并将其转化、运用于社会主义核心价值观的教育实践中，具有技术性、互动性、虚拟性、多样性和便捷性等鲜明特征。

其三，媒体载体的融合有利于高校思想政治教育的线上渠道的建设。教育事业可以依靠媒体融合带来的优势，让教学内容和媒体载体的视频、音频相融合，利用媒体融合带来的信息传播移动化的优势来更加便捷地进行教育，减轻教育工作者的教学负担，也可以让教育者在当下众多的移动设备上发布信息的同时学生实时地接收信息，还可以根据不同的学生有针对性地进行精准教学。比如利用"学习通"等教学软件，教师可以及时了解到各班学生的学习情况和进程，还可以对学生当下学习的问题进行线上提问并收集完成情况，并且可以智能分析学生的学习情况，极大地减轻教师的负担，让教师可以更好地给学生进行思想政治教育。教师可以在软件上发布学习的资料，也可以让学生更方便地进行学习补充。这些都是教育渠道丰富化的体现。

三、融媒体提升教育的实效性

新媒体对有效提升社会主义核心价值观教育的实效性提供了客观条件。

其一，增强了教育者实施教育活动的主动性。在新媒体技术手段的条件下，打破了传统教育活动中教育者对学生施加影响的时空限制，拓展了高校大学生社会主义核心价值观教育活动的网络和媒体平台。新媒体的传播和互动也为教育者能够最大限度地利用时间和空间提供了帮助。高校教师不仅能够在课堂上、在校园中对大学生实施教育，还能在新媒体的网络环境中对大学生施加教育影响。

其二，提高了教育者实施教育活动的预见性、针对性。作为教育活动的发起者、设计者、组织者，教师对大学生的社会主义核心价值观教育必须建立在对大学生原有思想基础、价值观念以及心理发展水平全面了解的基础之上。以往教师对大学生思想状态的了解，主要基于面对面的交流和问卷调查等途径，这种调查结果的准确性，是建立于教育对象积极配合并且愿意真实表达自我的基础之上。但是，由于受制于某些因素的影响，教育对象并不能够真实地表达自己，比如，大学生在教师面前的自我防卫心理以及基于其学生这一社会角色的"理想化表演"等等。但是，在新媒体的虚拟环境和交流互动中，大学生往往更倾向于对自身真实观念、真实意识以及价值评判的积极表达。这给教育者了解大学生的思想状况和价值倾向提供了良好的条件，使其能够通过大学生在新媒体中的真实表达来进行有针对性地选择和设计教育活动。同时，教育者也能借助新媒体的交流和沟通平台，更加敏锐地捕捉大学生群体的舆论趋势，从而有预见性地开展教育活动。

其三，增强了教育者的影响力。新媒体的开放性和平等性特征给教育者提供了更加丰富的资源，为教育者的自我学习、自我提升提供了积极条件，进而增强其对受教育者施加影响的能力。一方面，教育者可以通过新媒体及时吸收新的知识内容以丰富自己，提升教育能力；另一方面，教育者也通过与学生间的平等对话，拉近师生间的距离，促成主体间性的达成，进而在双主体的有效互动中提升对教育活动的引导能力。

四、融媒体使教育的形式多样化

单一的教学形式让教育工作者把原本自由度极高的思想政治内容，变成了枯燥乏味的单向灌输知识的过程。这样，在整个思想政治教育过程中，学生无法对教学内容产生应有的兴趣，甚至让本该在课堂上认真学习的高校学生经常性地在课堂上做出与思想政治教育无关的事情。比如说，在思想政治课堂上玩手机、睡觉，甚至去完成其他专业课的作业和任务等。这些甚至都已经成为高校课堂学习的普遍现状。造成这种现象的主要原因在于大学生认为思想政治教育课堂缺乏创新，没有吸引力。因此，他们更倾向于把本应用于思想政治教育的课堂时间来完成其他专业的作业。从这里可以看出思想政治教育形式单一所带来的弊端。思想政治教育的内容如果无法使受教育者感兴趣，就会让受教育者无法深入理解和学习。学生的思考没有办法内化，表现在行为上就没有办法外化，从而会导致高校思想政治教育的根本任务无法达成。

媒体融合产生了功能多样的优势。一方面，思想政治教育者可以通过教育资源发布后的学生点评功能中获取受教育者对思想政治教育知识的看法，实时掌握学生对于相关知识的掌握情况，甚至在学生的语言表达中获得他们的思想发展情况和对事物的认知能力和分辨能力。这样也方便思想政治教育者对大学生进行合适的互动和引导，拉近双方的距离。并且，教育者在媒体众多的功能里，还可以使用评语的筛选功能，筛选出符合社会主义核心价值观的内容,让学生潜移默化地提升自身的分辨能力,创造和谐健康的学习环境,促进学生思想的健康发展。另一方面,教育者可以灵活运用媒体的各种功能,对学生进行形式有趣的教育。比如说,在教学的过程中,给严肃枯燥的思想政治知识配上轻松有趣的动图或者表情包,加强与学生之间的互动交流,这样的教育更能够吸引学生的学习兴趣。再一方面,媒体的融合带给我们的不只是各种小功能,更是整体上功能的多样化。我们可以通过议程设置,从整体上加强思想政治教育的传播,还可以利用媒体融合带来的感官体验来提高学习思想政治的效率,比如让学生利用"学习通"等软件来制作相关思想政治的视频,从而实现思想政治教育过程和结果的统一。

五、融媒体使教育时效精确化

众所周知,思想政治教育是一种思想宣传工作,这就要求其教育内容具有一定的时效性,要符合当代的主流价值观。随着社会的不断发展,大学生的思想也在发生着变化,而作为思想引导的高校思想政治教育工作,也应该充分掌握学生的思想状态的变化,了解学生不同时期的心理特征,及时做出调整和反馈,积极引导学生的思想发展方向,并在生活和教育中对有问题的学生进行帮助。因此,高校思想政治教育必须具备时效性,这是保障其有效性的必要条件。

媒体的融合产生了全新的传播方式,这不仅仅是技术的进步,而且是一个时代的特征,其产生了媒体的多功能一体化。由于媒体融合和互联网技术不断发展增强了高校思想政治教育的信息时效性,加快了信息的传播速度,高校教师可以在短时间之内获取不同形式的教学资源,并可以及时地传播给受教育者,加强了教学的时效性,使高校的思想政治教育工作更具有时代特征。由于信息传播速度的加快,新型信息传播格局也得以形成。高校思想政治教育模式达到了传统教育垂直、集中式和信息化的并行、点对点、动态的形式相结合,优势互补,更为高效迅速。其一,高校的思想政治教育工作者可以有效地获取社会前沿信息和社会热点话题,并且通过对这些热点话题的分析让实时的社会话题与教育内容相融合,形成全新的案例。这不仅可以吸引学生的学习兴趣，还可以在第一时间对学生的价值观进行正确引导，甚至促进社会的稳定。其二，高校思想政治教育工作者在教育内容传播的过程中可以及时对受教育者的相关数据进行分析和反馈，这有利于实现思想政治教育的个性化。总之，媒体融合发展让高校的思想政治教育变得更加快捷、高效、多样化，有效地提高了教育的效率，还加强了教育者和学生之间的互动和交流，避免了高校思想政治教育内容滞后和失效。

六、融媒体使教育内容的影响扩大化

媒体融合使得传播方式更具有兼容性和开放性，让社会信息的传播朝着多样化方向发展。它给我们带来的不仅仅是信息传播速度的极大增强，还给我们带来了信息技术的全新变革，而媒体之间的上下联动也让高校思想政治教育的内容所产生的影响扩大化。其主要原因在于媒体一直都是高校思想政治教育的主阵地，在思想政治教育过程中起到不可或缺的作用，而高校作为意识形态的前沿阵地，其思想政治教育的效果会对社会产生很大的影响。当高校思想政治教育和媒体相融合时，可以产生有利于思想政治教育传播的上下联动效应，从而加强高校思想政治教育内容的传播和影响力。因为媒体融合所产生的多样化信息传播渠道，可以让同一条信息拥有多种传播方式，实现多级传播，这也给高校思想政治教育的内容传播带来了便利。高校的学生可以自主选择感兴趣的内容并根据自身的资源和渠道，进行话题的补充和分享，这样就可以促进他们对高校思想政治教育内容的深入了解，并进行多向传播。当下，高校在进行思想政治教育时，要充分利用媒体融合的多种优势来增强教育内容的影响力和传播范围，形成社会热点话题，让学生对教学内容产生兴趣和认同感。这对高校学生将所学知识内化、实践和弘扬有着十分重要的作用。在媒体融合的大背景下，对于思想政治教育内容的解读可以在圈群文化下进行 N 次传播，进而通过受教育者所在的关系网络上进行知识的辐射，将思想政治教育的内容传播到群际关系的各个角落，实现思想政治教育遍地开花的结果。

第七节　媒体融合下高校社会主义核心价值观教育的挑战

媒体融合是信息时代背景下媒介发展的理念，是一个发展过程和手段，随着时代的变化而有所变化。媒体融合为信息传播带来渠道多样和影响增大的同时，也由于其信息杂乱和庞大给高校思想政治教育工作带来极大挑战。因此，在利用媒体融合优势的同时，也要正确对待媒体融合带来的问题。在高校思想政治教育工作中，不仅要看到和利用媒体融合的信息传播途径，还要认识到媒体融合对高校思想政治教育中内容传播、教育主体性以及教育方式、教育环境等带来的挑战。

一、媒体融合降低受教育者的教育认同感

据统计，我国目前手机网民人数已超过10亿，成为世界上网络媒体使用人数最多的国家。这些手机网民也逐渐构成全球最庞大、最复杂也是最丰富的舆论战场。网络的发展在逐渐改变着我国的舆论格局，对我国主流舆论场域的建设和发展产生重要影响。随着各类媒体融合进程的加快和媒体融合深入发展，媒介融合逐渐成为兼具制造、加工和传播于一体的多元化信息传播平台。媒体融合凭借其自身存储和承载的海量信息资源与数据信息、强大的处理信息能力以及计算功能，对我国社会各方面影响不容小视。高校作为接收信息最快捷、最现代化的场所，它的思想政治教育涵盖我国文化、经济、政治、社会和法律等方面，自然也会受到很大影响。媒体融合的冲击对学生的思想意识、价值观念、道德规范等也产生了一定影响，在为大学生呈现类型多样信息的同时，也在一定程度上降低了教育客体（即学生）对高校思想政治教育内容的认同感，具体体现在以下三个方面：

其一，媒体多样发展和综合性的传播功能特点，使得在媒体融合下海量未经筛选的信息，逐渐渗透进入学生的学习、生活中，严重冲击学生的思维方式和价值观念。信息化时代下，各国意识形态的斗争也逐渐将战场转移到媒体融合上，并愈发激烈。一些不法分子在网络渠道上传递对我国主流文化建设和核

心价值观不利的负面消息或谣言，诱导一些分辨信息能力较差的高校学生被不良信息吸引，被不法分子利用，怀疑和抵抗我国思想政治教育工作的合法合理性，从而严重影响我国高校思想政治教育工作进程。

其二，信息来源丰富、传播形式多样的媒体融合成果吸引了广大学生的注意力，使得学生对教育内容缺乏兴致。媒体融合下一些渠道或平台为了吸引用户注意力、积攒流量获得收益，利用大学生对新鲜事物好奇的心理，用华丽的包装和夸张噱头修饰的语言，甚至是低俗文化，向学生散播信息。这些信息大多数浅显易懂、搞笑猎奇，能够有效抓住学生的眼球，使学生沉溺其中，为高校思想政治教育带来极大的挑战。

其三，媒体融合下各类信息迅速占领各种传播途径，占据大量的信息市场，压缩高校思想政治教育的占有率和覆盖率。媒体融合背景下，各种平台或渠道为了达到较高的流量，生产、传播和转载大量的信息，通过无孔不入的方式向高校学生推送。当主流的思想政治教育进行传播时，会出现被这些信息挤占的现象，导致高校思想政治教育内容在学生内心所占分量降低，进而使得学生的知识吸收和存储率大幅下降，甚至减少其对高校思想政治教育的认同感。

二、媒体融合削弱教育主体影响力

在媒体融合背景下，个性平等成为教育对象所追求的目标，教学过程由教师主导逐步转变为以学生为主，教学逐渐由传统的传播模式转向受众主导的传播生态，教育主体的权威性和影响力逐步衰减，从而削弱教育的主体性地位，为高校思想政治教育工作带来不利影响，制约其发展。

其一，新媒体的多元信息环境对教育者的主导内容造成冲击。传统媒介时期，受我国电视和纸质媒介等传播机构管理特征的影响，大学生所接触的传播内容大都经过严格筛选和过滤，并与教育者所传授的主流思想和价值观念保持较强的一致性。在媒体融合背景下，多种媒介共同发力，无死角地渗透进高校学生学习、生活的各个角落，为学生打开知识的大门，逐渐改变学生以往的生活、学习方式，使学生个性更加突出。加上信息传播的开放性、即时性、匿名性和个性化等特征，这不仅给相关部门对信息传播的监管和把关工作带来困难，也使得一些奇言怪论、消极思想甚至一些反动思潮等在网络上泛滥开来，其中更不乏某些别有用心的敌对势力有组织、有针对性地对主流价值观念和思想理论进行攻击，以混淆大学生的视听，消解高校思政教育者所传授的主导内容。

其二，新媒体的传播途径对高校思政教育者的主导地位带来挑战。媒体融合过程中，传统媒体与新媒体之间优势互补，两种媒体之间虽有共性，但针对某个事情、某个观点存在些许分歧，多元多变的社会思潮和思想观念也会产生许多碰撞。这一方面给大学生的思想活动带来主体性，教会他们自主思考和选择，和以往的灌输型教育方式大相径庭；另一方面，两种媒体的碰撞会让学生失去分辨是非的能力，对高校思想政治教育工作带来挑战。教育者主导地位、主导资质的获得与其同教育对象间所掌握知识的差量相关，即教育者凭借其比教育对象占有的更大量、更优质的教育信息资源而成为知识的供体，并因此获得教育过程中的主导地位。受教育者则是通过教育者的渠道来获得自身所需要的知识信息。然而在新媒体条件下，受教育者获取信息的渠道和方式得到拓展，一双双求知若渴的眼睛也因此从教育者身上逐渐转移到电脑、手机屏幕上，并轻易地就能满足自己对知识信息的需求，甚至课堂上也是如此，这极大地削弱了教育者在教育对象面前的主导地位。

其三，新媒体转换着教育"主体—客体"的关系。媒体融合时代，每个人都是信息的发布者和传递者。以论坛、贴吧、博客、微信、QQ等为主的自媒体平台，以现代化的传播手段，逐渐形成"终端在手，世界我有"的信息传播局面。媒体的低门槛、普适性和大众性，使人人具有平等获取、传播信息和自由发言的权利，人人成为媒体的主人，可以对自己的言论进行删除、保存等。自媒体发展条件下，个人媒体用户成为各大网络平台争相招揽的"宝贝"，通过吸引个人媒体用户的参与和浏览，产生流量，并通过流量多少选择和各种商家合作，推广广告等获取收益。各大网络平台采取的各种措施，显著增强了媒体使用者的主体性地位。随着网络用户的普泛性，滋生出众多"网络意见领袖"、网络大V、博主等。他们由于自身对于某件事情独特的见解或某种事物独特的渠道吸引数以万计的粉丝,形成一种"明星效应"。他们的每一句言论,甚至每一个表情都能够引起粉丝的注意,在发布的第一时间内形成广泛的传播,产生较强的影响力,甚至左右舆论的发展方向。这种背景下,高校思想政治教育工作面临很大挑战。具体来说,一方面,自媒体的自主普泛性增强了教育客体的主体性。在低门槛、普适性背景下的媒体融合环境中,每一个大学生都希望能够自主参与和表达信息,根据自身爱好和想法传播信息,注重自身主体性地位的提升。但是,由于媒体融合背景下各种信息准入门槛的降低,一些网络平台或渠道为了吸引人的目光,博取流量,涌现各种不经求证的荒谬言论甚至是恶意揣测、抹黑国家和社会发展进程的信息。大学生涉世未深,分辨是非的观念有所欠缺,很容易落入非法分子的圈套,或经言论的蛊惑而迷失自我,模糊自身人生观、世界观和价值观。另一方面,高校学生在媒体融合背景下思维方式发生很大变化。在思想政治教育学习中对信息选择和接收的方式更加要求自主性,注重自身在教育活动中的言论自由和主体性地位,而自媒体平民化、大众化和互动性的特征也使信息传播更加多样、多角度和无模式,媒介多样化的现状导致舆论传播更加复杂化,信息传播可控性更弱。高校思想政治教育课堂为了达到更好的学习效果,也更加注重学生的话语权和自主性,学生主体意识的提升也使得其不再轻易附和与响应教育者的说教,这无疑增加了思政教育者在教育引导上的困难。

三、媒体融合削弱核心价值观的主流影响

从国内媒体传播格局上看,传统媒介环境下占据主要话语权的传播者主要是作为党的新闻事业的大众传媒,其传递的主流价值与社会主义核心价值观具有同质性,并且大众传媒的事业和行政管理体制机制也为媒介环境中社会主义核心价值观的主流影响力提供了硬性保障。这使得传统媒介的教育环境具有相对的稳定性和确定性,而新媒体环境下,其开放的传播特性给予了一些非主流的声音同时发声的机会,并取得具有一定社会影响力的话语权。这就使得新媒体环境变得空前复杂,充满不确定性。并且,由于当前对新媒体传播

内容的把关难度较大，新媒体传播行为的制度性约束机制尚不健全，使得一些低俗内容、有害思想等不健康信息的传播现象屡禁不止，也削弱了社会主义核心价值观的主流价值影响。

此外，从新媒体的全球化传播上看，新媒体环境成为各国间多样文化相互交流、相互碰撞、相互竞争的场域。新媒体打破了传统媒体在地域、时空，甚至一些现实社会管理上的限制，突破了国际传播壁垒，这种"无国界"的全球传播环境，在为各个国家间的文化传播和文化交流提供畅通渠道和开放平台的同时，也为那些长期占据信息优势地位、利用全球传播体系推行文化和意识形态霸权的西方国家提供了便利，从而促成了当前呈现于人们眼前的各种思潮、多样文化竞相活跃于新媒体平台的局面的形成。当今全球化传播中，在经济上占据主导地位的西方发达国家，为推行并建立起一套符合其切身利益的国际秩序，在国际社会中不遗余力地将自身的意志幻化为全世界的共同意识。虽然全球化将世界各国紧密联系在一起，对各国经济也产生巨大促进作用，但是参与全球一体化进程中的各个国家的生产方式、生产关系、生产力水平仍然存在差异，并且其所处地理及其拥有历史、文化传统等因素也都存在差异，这些都决定了不同国家意识形态的差异性存在。随着世界多极化发展进程的加速，亚洲、拉美、非洲涌现出一大批经济迅速增长的国家，欧盟、东盟等地区集团也迅速发展，这些都极大撼动了美国在世界范围的单极主导地位。不同国家、不同利益集团对自身利益的诉求和发展权的要求愈发强烈，这同时加剧了意识形态的冲突。2013年，美国国家情报委员会编著的《全球趋势2030 变换的世界》中指出"全球化受到寻求西方物质进步的社会欢迎，但向它们传播的科学理性、个人独立、政府实行政教分离、法律至上等西方价值观却受到社会本土文化特征与政治传统的挑战"。并且，这种意识形态的冲突不仅存在于国家与国家之间，也渗透到各个社会内部，尤其是一些正处于经济转型的非西方社会中。其渗透的方式，有利用媒介手段进行文化宣传，有通过电影等文化商品进行价值观输出，也有以教育和所谓学术交流拉拢社会精英并借之影响大众。随着新媒体的发展，这种渗透变得无孔不入。

四、媒体融合弱化大学生的思维能力

对于教育对象而言，除了具备一定接受社会意识的条件外，还必须具备与之相适应的认知能力，这样才能确保其成为教育活动中积极主动的认识主体、教育主体。这种认知能力主要体现为教育对象对教育内容以及相应思想信息进行加工、分析、整合、选择等活动的能力，其与教育主体一定的认知方式和思维方式密不可分。认识的过程，第一步是开始接触外界事物，属于感觉的阶段。第二步是将符合感觉的材料加以整理和改造，属于概念、判断和推理阶段。在认知方式上，新媒体一方面改变了大学生认知世界的方式，延伸了他们了解世界的手段，丰富了其获取信息的渠道，拓展了信息的宽度和广度，这为大学生积极占有充分多样的"感觉的材料"提供了便利，使得他们能够进而构建其独特的知识结构和认识框架，并形成对事物的价值判断和价值理解；另一方面，大学生被新媒体海量信息所包围，往往更容易遇到信息超载和信息污染等问题，从而加大其信息选择、信息甄别的难度以及认知难度。与此同时，大学生长期进行以碎片化、跳跃式为主的新媒体阅读，久而久之也容易形成碎片化、非线性的思维方式，局限于零碎、杂乱的信息素材，使得其很难形成系统和富有逻辑性的认知结构，影响其进行整体性和深度的思考，不利于社会主义核心价值观教育内容的系统接受。

教育对象一定的思维能力是确保教育活动有效性的重要前提。良好的思维能力不仅能够促使教育对象以整体化、系统化、模式化的思维方法，提高自身对教育内容的接受能力，同时也影响着其对社会实践和具体事物的认识角度和理解深度，进而影响其一定价值判断的形成。因此，无论是社会主义核心价值观的教育活动，还是个体价值观的形成，主体的思维能力在其中都发挥着积极作用。然而，由于新媒体中信息传播的碎片化、分众化、多样化、零散性等特征，使得人们在长期的新媒体阅读中，思维变得零碎、不成系统，从而一定程度上出现"思维弱化"的现象。新媒体环境下资讯获取的便捷性，以及新媒体上信息存储、复制的低成本，往往也为大学生照抄照搬、盲目消化，甚至代做作业、寻找枪手等不良学习习惯提供帮助，使其在学习研究和独立思考上产生思维上的惰性。

五、媒体融合对教育方式提出更多要求

随着信息化社会的发展和媒体融合进程的推进，以大学生为主的年轻人在获取信息时更注重网络渠道的选择。思政教育工作者如果要跟上时代潮流、有力引导舆论、增强主流信息的公信力和影响力，就需要充分意识到网络的重要性，紧跟时代潮流，善于运用多种媒介发布信息。"在做思想宣传工作时，必须要创新工作手段，积极探索有利于破解工作难题的新举措新办法，适应社会信息化持续推进的新情况"。高校思想政治教育工作要解决好信息化传播背景下"本领恐慌"的问题，就需要依托一定的教育载体，创新教育手段、内容和传播方式，实现高校思想政治教育创新性发展。其一，教育工作者要创新教育手段传播，科学认识网络传播规律，将媒体融合变成增强社会意识形态，发挥社会凝聚力、影响力以及引领力的增量，逐步提高高校思想政治教育中媒体融合实际运用能力。其二，教育工作者要创新教育内容传播方式。依据媒体融合下信息多样化、易获得的优点，将思想政治教育内容紧贴时代潮流，将媒体融合中思想教育方面内容糅合到思想政治教育工作中去，吸引学生注意力，提高学生学习效果。

高校思想政治教育工作只有在多样化教育媒介和教育内容的表达方式上创新，遵循信息传播规律和社会发展的时代要求，充分借鉴《人民日报》、新华网等主流信息传播平台的多样化传播方式，利用现有的新技术、新手段，充分吸纳高新技术的优势，实现传播手段多样化和传播途径的创新，才能发挥出中国共产党领导下的思想政治教育优势，才能显著增强思想政治教育的权威性与感染力，在实现学生个性化发展的同时实现高校思想政治教育工作的创新发展。

六、媒体融合使教育环境复杂多变

媒体融合使得高校思政教育面临的教育环境复杂多变。第一，网络作为不同国家意识形态领域的主战场，为不同国家间意识形态斗争提供途径。一些敌对势力利用网络渠道散布其价值理念、社会制度、生活方式等，扭曲和曲解我国的社会发展成果,一些缺乏辨识力的学生会受到影响,以致对我国的主流教育理念和教育内容产生误解,这样不仅对我国高校线上思想政治教育工作带来挑战,还严重影响线下思政教学的进程和效果。

第二,网络的无死角发展逐渐打破了校园与社会之间的界限,更加促使思政教育环境复杂化。社会上传播的一些错误观念或言论可能通过新媒体渠道在校园中播散开来,而校园内的大学生由于自身价值观尚处于培育中,自身认知结构尚不稳定,对一些虚假或错误信息很难第一时间准确辨认,一部分会产生盲目跟随和认可,经过多次的流通和传播,有可能形成一定的舆论环境。一些非主流信息为了博人眼球误导大学生,影响他们的价值观形成,从而形成复杂多变的校园环境。

面对媒体融合下信息迸发、真假难辨的现状,高校作为思想政治教育工作的主体,需要正视媒体融合发展下各种信息终端的重要性,加强对学生的引导,"把关"网络终端的信息传播,监测校园信息走向,对不可知和难以辨别真伪的信息第一时间给予正确辨析,以最新信息动态为教学例子,向学生剖析和解读,培养学生分辨是非的能力,向学生传递在维护国家安全、维护法律权威的基础上,正确行使发言权和话语权,让学生养成"不信谣、不传谣"的习惯,客观、冷静对待各种网络信息。与此同时,高校应当充分利用终端信息的优势,创新思想政治教育传播内容和方式,提高思想政治教育效果,营造出风清气正的校园融媒体环境。

第八节 融媒体时代高校思想政治教育的话语权

语言作为人类社会的特定产物,其在表述的过程中也暗示着权利的关系。对话语权利的概念界定,可以从"权"入手。何为权?即权利和权力二者的结合。首先,话语的权利指每个公民的言论自由权。每个合法公民都有权利表达自己的意见和看法,对社会上的一些事提出自己的见解。每个守法公民都依法平等地享受话语权,并且这一权利受到法律的保护。其次,话语的权力重在说话所带来的控制力和影响力,这个相对于话语的权利来说就复杂得多。总而言之,话语权综合权利和权力特质。

一、高校思想政治教育话语权的作用

高校思想政治教育对学生的健全人格塑造起着方向盘的作用。正是由于这样,高校思想政治教育的话语权在思想政治教育话语系统内的地位显得尤为重要。它是高校思想政治教育工作者话语权威和影响力的体现,直接影响着高校思政教育活动的组织和开展效果。具体来说,思政教育者的话语权在整个思政教育体系中有如下几个重要方面的作用。

1. 对思想政治教育的整个过程起着绝对的主导作用

后现代思想家福柯曾提出过这样一个观点:"人类的一切知识都是借助话语这个媒介获得的,因此,话语意味着一个社会群体依照某些成文的规定将其意义传播到社会之中,以此来确定其社会的地位,并为其他群体所认识的过程。"在长期的教育教学中,高校思想政治教育都是以思想政治教师为教育的主体,通过教学大纲去安排授课内容,凭借自己的经验和掌握的教学资源和教学信息向大学生传授知识。任课老师凭借其话语的权威性主导着教学任务的推进,在教学过程中占主导地位。这种主导地位主要体现在了两个方面:一是对话语内容的选择权。上课的内容、传授的知识理论都由思想政治教育者选择,再通过有针对性的话语传播,结合教育的目标和学生的学习、成长需求,采取有效的话语表达方式,开展教育活动。二是思想政治教育者可以通过话语权对学生进行思想引导,通过积极的语言实现对学生健全人格的塑造和远大人生目标的确立,促进学生的全面发展。

2. 对思想政治教育工作者的地位有着直接的决定作用

高校思想政治教育者话语权的多少和高校思想政治教育者的地位是直接挂钩的。要使高校思想政治教育顺利开展并取得成效,作为主心骨的高校思政教育者的话语权必须足够强大,这样才能在学生的心目中树立足够高大的引导者的形象。只有当思想政治教育者的形象足够高大了,相关的课程开展、学术研究才能顺利进行。思想政治教育者的主导地位不仅体现在对教材、对课程

内容的选择上，还体现在对教学方式的选择上。每个学生都有各自的特点，教育者有义务根据大部分学生的身心特点和对知识的偏好来选择教学模式和调整自己的话语特点，以求更加和谐的课堂氛围和教学效果。只有积极主动地与学生互动，让学生感受到教师教学方式的灵活，感受到教师上课的魅力，才能足够吸引学生，促进师生间关系和谐，平等对话，树立教育者的高大形象和话语权威。这对教育者在教学活动中的地位提高有着积极的作用。

3. 对思想政治教育的实际教育效果有着明显的改变作用

高校思想政治教育话语权的强弱，是影响高校思想政治教育实际效果的最重要的外部因素。何谓思想政治教育的效果？简单来说就是体现在学生对思想政治教育内容的接受程度和认可程度以及能够身体力行的部分，对身心产生的有益影响。美国社会心理学家伯鲁曾提出过教育者业务水平的高低、对人态度的真诚与否、表达语言能力的强弱都会在不同层面和不同程度上影响着教育者的威信、地位、形象的确定，而在这三大要素中，教育者自身的话语能力所带来的结果，就是话语在思想政治教育中所能达到的效果的体现。在思想政治教育中，话语作为最直接、最易被学生接受的和最熟悉的教育方式，其作为载体的重要性不言而喻。教育者对话语权的掌控直接决定了学生对课堂知识的吸收程度和认可程度，直接影响着思想政治教育的效果。

二、"融媒体时代"与高校思想政治教育话语权的相关性

1. "融媒体时代"使话语权实现平台上的构建

一般来说，学生对学习有着环境的要求，同样的，教学也有着其"场域"的概念，高校思想政治教育也不例外。思政教育的开展以往都是以课堂为场域，场地相对受到限制。但是，自从"融媒体时代"蓬勃发展以来，微博、微信朋友圈、抖音短视频等自媒体平台给予了思想政治教育者新的场域选择。借助互联网的快速性、时效性、便捷性、高效性，高校思政老师的话语权力得到了进一步的延展。"融媒体时代"对公民话语权的释放不仅仅影响着普通公民的言论自由，也为增强高校思想政治教育话语权提供了全新的平台。高校思想政治教育者不仅可以借助自媒体平台了解新鲜的时政消息，将其融进自己的课

堂教学，提升课堂吸引力，还可以以此为载体扩大思想政治教育的传播力度并提高话语传播的质量，提升"融媒体时代"高校思想政治教育的话语影响力。

2."融媒体时代"可提高话语权行使的时效性

何谓时效？即一定时期内能够发生的效用。高校思想政治教育话语权的时效性指："思想政治教育的教育者具有极强的时间观念，善于把握、掌控时间，能够及时、有效地对受教育者开展思想政治教育。"时代在变化，高校思想政治教育的内容也要随之做出调整，紧跟上时代的步伐。"融媒体时代"信息传播的及时性、便捷性、碎片性、互动性的特点，能够有效弥补传统媒体的即时性不足、反馈弱、单向性等问题。当下思想政治教育的主力军们是年轻活泼的一代人，他们善于通过网络获取知识。高校思想政治教育者完全可以借助这一有利载体，把握时效性原则，及时收集思想政治教育信息并对学生开展教育，这也是高校思想政治教育回应时代的需要，也是提高话语权的切实路径。

三、"融媒体时代"下高校思想政治教育话语权中存在的一些问题及其表现

以抖音等短视频平台和微博等社交平台以及 B 站等视频学习平台共同构建的"融媒体时代"，加速了"人人都有麦克风""人人都可以站在镁光灯下""人人都是发言人"的全民话语时代的到来。"融媒体时代"下，轻松的言论环境和开放包容的视听态度使得人们话语表达民主化、自由化、开放化，这无疑使得大众话语权得以回归。这一点体现在高校思想政治教育中就是拓宽了思想政治教育的涉足领域和影响空间，同样也使思政教师和学生的话语权都有所提升。但是，事物发展都有其两面性。"融媒体时代"的确为高校思想政治教育的开展带来了有利的方面，但是同时，由于其信息传播的特点——海量化、碎片化、多样化，极易对部分学生产生错误的引导，对其综合素质的培养会有本末倒置的影响。究其原因，是因为高校思想政治教育话语平台的建设没有跟上融媒体飞速发展的步伐，其话语权实现效果也因此受到了制约。

1.高校思想政治教育工作者的信息权相对削弱

不同于传统媒体的时代，"融媒体时代"带来了信息传播的无障碍化，信

息也因此变得海量且变化迅速；每个人既是信息的产生者，也是信息的消费者。首先，现在的网络交流以碎片化信息为主，无须长段的文字，只通过一些简单的语句词汇也能传达消息，并且缩短了用户的使用时间。其次，由于互联网的门槛很低，诸如微博等社交媒体都是以用户为单位。用户只要有联网设备，就能随时随地和远在天边的人进行信息交互，获取新鲜的新闻信息。用户便捷地获取信息，同时促进了信息共享，扩宽了传播的范围，也增大了影响力度。因为当下生活都是快节奏的，人们面临着忙碌的工作，激烈的竞争，需要快速获得信息的途径。但是，反观高校思想政治教育大多依托课堂和社会实践教育进行，不仅形式单一，而且内容较为枯燥闭塞。以往，凭借制度安排的优势，思想政治教育者一直支配着教育信息，甚至可以说长期"垄断"着思想政治教育的话语权。但是，"融媒体时代"的到来，无疑对原先的思政教育模式产生了巨大的冲击。海量的共享信息，自由的言论环境，不仅降低了思想政治教育的话语信息优势，也从根本上动摇了传统思想政治教育的方法。这主要体现在两方面：一是"融媒体时代"带来的信息获取无障碍性直接打破了原本思想政治教育者的信息垄断优势，每个人都平等地享有信息。不仅如此，广大学生普遍具有强烈的好奇心和求知欲，这使得他们比一些思想政治教育者更加关注信息的变化，这对于思想政治教育者的话语权又是一层削弱。二是广大学生能够通过融媒体下的网络授课选择自己喜欢的课程内容和授课老师，学生学习知识的途径不再是单一的课堂教育，高校思想政治教育者和被教育者有种陷入双方失语的尴尬境地，这对于正常的教学开展是不利的。

2. 高校思想政治教育工作者的"一元"话语权被冲击

"话语"说到底是人在特定的语境下，通过一定的媒介形式表达自己的思想，寻求与他人沟通并企图影响他人的具体言语行为。"融媒体时代"下的信息爆炸式增长与传播造就了话语的多元化发展，一件事就会引发千千万万种声音，有千千万万种话语，这无疑在消解着传统媒体下思想政治教育缔造的"一元话语决定权"，并且话语的主体正在由主流媒体向大众群体演变，思想政治教育者话语权引导力也随之减弱了。

数字化时代下各国的竞争愈发激烈，不仅仅是国民经济或是军事实力等一些硬实力的较量，而且是意识形态等软实力的较量。一些心怀不轨的反华敌对势力借助互联网扭曲误导我国高校学生的价值观，妄图将其"西化"，并大肆传播西方资产阶级腐朽价值观，这无疑是与高校思想政治教育初衷完全背道而驰的。总的来说，"融媒体时代"是把双刃剑，拓宽信息传播路径的同时也会冲击学生的思想观念，误导学生的价值观，动摇学生的信仰，存在潜在危险。

3.高校思想政治教育工作者的话语吸引力被减弱

爆发式发展的"融媒体时代"诞生出了一种新的话语——网络话语，它凭借新颖、简洁、幽默、生动的特点被广大网友喜欢并飞速传播，甚至突破了虚拟的屏障，不仅是网络上，现实生活中也常常能看见它的身影。"融媒体时代"给全体公民提供了畅所欲言的机会和平台，同时营造了一个轻松欢快的网络交流环境。由于环境轻松，缺少约束，人们习惯使用的各种网络用语极具原创性、娱乐性、随意性，有时候甚至会带有一些恶搞性，这些不经推敲就被广大网民填词造句创造出的流行用语传播速度极快。《咬文嚼字》期刊通过国内语言文字专家评选出来一些年度流行用语："体现社会主义建设新风尚的：中国梦、光盘、点赞；体现新时代新视角的：土豪、女汉子；体现中国正能量的：草根、逆袭。"除了这些流行词汇，一些流行用语诸如：高富帅、白富美、杜甫很忙等百花齐放式的流行语充斥着人们的视听。借助苏联著名教育家苏霍姆林斯基的一句话："教师的语言修养在极大程度上决定着学生在课堂的脑力劳动效率。"也就是说，语言作为知识传播的重要途径，在思想政治教育中扮演的角色是举足轻重的，教育者语言的魅力直接影响着教学的效果。与网络流行语相比，高校思想政治教育作为一门传授马克思主义基本原理、社会主义核心价值观的学科，它的目的在于培养学生的世界观、人生观、价值观，使得学生能得到全面发展，因此，高校思想政治教育话语权有着其独特的、严谨的学科特性。但是也正是由于这样，专业的学科特性使得思想政治教育话语显得枯燥严肃，专业的学科术语和语言规范、宽泛且深奥的理论知识缺乏个性化和生活化，这对于乐于接受新事物、思维活跃的青年大学生来说，较少会有人主动积极地去学习，他们更加倾向于接受新鲜活跃的新事物，表现自我的个性特点。这便造成了"融媒体时代"下高校思想政治教育话语吸引力的削弱。传统的高校思政教育者习惯了的学科话语和"融媒体时代"下产生出来的流行语言之间的差异，首先是导致了思想政治教育者不了解学生喜欢的授课语言方式，从而造成了课堂氛围不活跃，学生无法真切领会课堂知识；其次，由于传统思想政治教育教材的固定性和理论的深奥性极易让学生产生厌倦心理，对于一些自己不理解或是不感兴趣的理论会产生排斥的态度，而对于更新迅速的网络用语，广大学生则津津乐道，这一现象无疑是高校思想政治教育语话吸引力不足的真切体现。

4.高校思想政治教育工作者的话语引导力被削弱

高校思想政治教育旨在正确引导广大青年大学生的意识形态，塑造其法治观念，培养其健全人格。但是由于网络上真假难辨的各类信息、各种言论冲击着大学生的眼球，原本强有力的高校思想政治教育效果受到了削弱，教育者的话语权也随之被弱化。"融媒体时代"高校思想政治教育者话语权引导力的弱化，主要体现在了网络谣言——尤其是网络政治谣言——对思想政治教育话语权行使过程中所带来的消极影响。网络谣言具有故意夸大事实、弄虚作假、为博人眼球不择手段的特点，这些言论利用各种自媒体传播扩散，影响着社会舆论的风向。网络政治谣言的实质为："个人或集团为了实现特定政治需要，以国际互联网络为传播媒介，在没有事实根据或虽事出有因但在传播过程中却严重失真的情况下，对政治人物或政治集团进行有意诬陷、攻击和诽谤的政治传言"。

首先，网络谣言对于国家政治安全和稳定有着破坏作用，不管是针对个人的、针对社会的、针对国家政治的谣言，其一旦扩散，必然引起或大或小的震波。

其次，网络谣言在很多情况下是政治斗争的产物，虽然这种谣言的传播一般都会得到及时遏制。根据中国社会科学院最新发布的新媒体蓝皮书《中国新媒体发展报告》，我们可以看出，过去出现的谣言中，和政治相关的谣言仅仅占了很小的一部分，但是其能量却是巨大的。尤其在外交谣言中的涉及中外关系的谣言，其传播迅速，反响巨大，也从侧面表现了中国目前的外交形势之严峻。这些凭空捏造的网络政治谣言借助微博和短视频等平台肆意传播，去侵害那些不具备明辨是非能力的人民群众，对其造成观念和思想的误导。部分居心叵测的谣言制造者善于利用社会热点问题和敏感事件，对其进行夸大扭曲，煽动群众对党和国家的不满情绪，赚取巨额流量的同时严重扰乱了社会的安定。这种损人利己的行为对国家安全、对政府公信力也是一种破坏。

再次，不负责任、肆意传播的网络谣言对和谐稳定的网络环境也是一种摧残，对广大学生的法治观念和自我道德约束力更是一种冲击。"融媒体时代"的诚信观念主要体现在："发布网络信息的过程中要确保信息的来源真实、可靠，准确。"法治观念则指："在信息的传播过程中要具备法治意识、遵守法律法规，不去触碰法律的底线，不去打法律的擦边球。""融媒体时代"下的网络谣言不同于传统媒体时代下的单纯炒作，其更具攻击性，借助互联网的便捷性，网络谣言已经衍生出了专门的网络推手、网络水军来为自己造势。这些不负责任的行为，无疑在践踏思政教育工作者奋斗几十年和广大学生勤恳学习所建立起来的思想堡垒。尤其正处在接受新生事物能力处于巅峰时期的青年大学生们，其明辨是非的能力和抵抗力、自控力，在面对纷繁的网络信息时，有时就会显得力不从心，从而盲目地猎奇，甚至会无意中触犯诚信和法律的底线。由于网络谣言的虚拟性，一些学生的诚信法治观念更加容易受到侵蚀。仅仅敲击几下键盘，就能宣泄自己平常压抑着的情绪，并且基本不会对自己的现实生活产生什么影响，甚至沦为谣言的传播者，这对高校思想政治教育话语权又是一个严重的打击。

5. 高校思想政治教育工作者话语权在融媒体时代下被滥用

在融媒体时代，传统媒体对于话语的垄断被无限缩小了。任何人只要通过网络，都能在各种社交平台以及视频平台发表自己的看法，这些观念良莠不齐且让人眼花缭乱，其中不乏积极向上的正能量，同时掺杂着腐朽堕落的负面思想，无疑是一把双刃剑。

首先，融媒体时代"人人都能发声"的话语环境肯定是对思想有着解放的作用的。这对新潮、灵活、开放、对新事物有着强烈好奇心的高校学生来说无疑是喜讯。融媒体时代使得学生跳出有着场域限制的学校课堂，跳出受教育者话语被忽视的地位，跳出受教育者不能真心表达内心想法的局限，真正通过融媒体实现了话语权的自由化、便捷化。例如，现在的大学生都有刷微博了解事物并发微博表达自己观点的习惯，这就是大学生对话语权重视的体现。他们将微博作为自己的话语权实现平台，发表自己对一些热点时事、社会公共事件、国际大事的看法，表达自己的观点、诉求并试着以主人公的姿态提出自己对一些事情的改进想法。这对于受教育者主动进行话语活动，以"社会人"的身份而非"两耳不闻窗外事"的书呆子形象投入社会的活动中有着积极的意义。

其次，我们也应谨慎提防其负面影响。目前的融媒体时代，网络环境还没有明确的准则去约束言论，各大平台的监管力度也有着很大的上升空间，言论的真实性及质量是无法根本保证的。网络言论的低门槛造成了大量虚假、不良的言论涌入受教育者的视野，倘若在没有理智判断和道德法律约束的情况下滥用话语权，不仅不利于思想政治教育话语权的提高，反而会为不良信息的传播提供便利。

第三章

媒体融合背景下高校社会主义核心价值观教育的创新路径

第三章 媒体融合背景下高校社会主义核心价值观教育的创新路径

媒体融合的背景，也是国家软实力竞争和意识形态较量的背景。高校是培养大学生健康成长的重要平台，要把社会主义核心价值观教育贯穿高校，就必须运用媒体融合载体，树立大学生中国特色社会主义的共同理想，将红色基因学习作为高校思政课社会主义核心价值观教育的重要内容，加强大学生网络道德教育、网络安全教育，创新社会主义核心价值观教育的教师队伍，建设生态化校园环境。

第一节 利用媒体融合的灵活性加强内容建设

利用新媒体进行教育是现代教育的必然趋势，高校思想政治教育也不例外。媒体中的结构性变化和新颖性特点促使高校思想政治教育从内容到环境发生相应的变化。融媒体条件下，人和人之间的新的沟通方式也给高校思想政治教育带来挑战。加强社会主义核心价值观教育的内容建设是高校思政课的首要任务。

高校的社会主义核心价值观教育对于学生来说是树立世界观、人生观、价值观的重要方向标，也是教育的重要目的。如今，随着信息大爆炸时代的到来，新媒体的发展越来越快，信息的传播出现了碎片化、海量化特征，这对原有的教育形态产生了很大的冲击和影响力。因此，高校要运用新媒体新技术，使思想政治教育工作活起来，推动思想政治教育工作与信息技术高度融合，增强时代感和吸引力。高校思想政治教育可与媒体融合，构建资源共享平台和数据库，丰富教育资源，从而加强思想政治教育建设。

一、建立资源共享平台，实现资源利用

在融媒体不断发展的时代背景下，不同的媒介通过网络传播和信息资源进行共享，形成相互渗透交融的形态，这对高校思想政治教育资源整合是非常有利的，高校可以借助这样的平台实现思想政治教育资源的利用。传统媒体向新媒体转型的趋势正好为高校思想政治教育发展的开放性、快捷性和互动性提供了新的机遇。高校思想政治教育可以利用媒体技术进行资源共享，并促进思想政治教育内容的传播，一方面让信息可以在教育者和受教育者之间快速流通，另一方面，与时俱进更新教育内容，提升思想政治教育的质量。

构建高校思想政治教育的资源共享平台，可以从内容的生产、共享等方面进行。

首先是内容的生产。一方面，高校思想政治教育经过教育实践的检验，符合我国现阶段的国情和发展需要，是党和人民的重大历史成果，它承载着我国的文化精神。因此，要确保内容生产符合培育社会主义核心价值观的导向要求，需要很强的指向性和专业性。另一方面，随着新媒体的发展，受教育者得到的信息会更加丰富，也会更加繁杂，这给受教育者带来很大的挑战，他们需要用自己的经历或学识去辨别和筛选所要接收的内容。在这样的情况下，首要的是保障思想政治教育内容的品质，确保受教育者接收到的思政教育内容是有助于实现立德树人的教育目标的。

其次，在思想政治教育与媒体融合的过程当中，需要以先进的技术为支撑，注重内容建设。高校思想政治的内容建设需要以先进的技术为依托，并进行不断的再创造。要深刻认识到网络思想政治教育不仅是形式，更是内容，不仅是手段，更是目的。要通过智能化的技术，对教育内容不断进行整合和创造，增强教育内容的活力。融媒体背景下，高校思想政治教育内容与其他的信息传播会出现竞争，如果要使高校思想政治教育内容占据绝对优势，就需要增强高校思想政治教育的竞争力，提高高校思想政治教育的质量。各高校可以利

用鲜活短视频，或者是各种社交平台，传播社会主义核心价值观，同时增强教育者与受教育者多项交互，直接、及时地交流对话，讨论辩论。要加强思想政治教育资源的可用性，增强在线学习的协作性和思想政治教育的沉浸体验。

二、建立资源数据库，丰富教育内容

媒体融合时代，不仅是信息多元化的时代，而且是数据大爆炸的时代。在大数据、云计算、人工智能等技术的迅速发展下，数据的价值越来越凸显出来。早在1980年，著名未来学家阿尔文·托夫勒便在《第三次浪潮》一书中，将大数据热情地赞颂为"第三次浪潮的华彩乐章"。在以云计算为代表的技术创新大幕的烘托下，原本很难收集和使用的数据开始容易被利用起来，逐步为人类创造更多的价值。在现代的社会中，各种APP都是根据使用者产生的数据，分析用户的兴趣爱好等，来推送客户所需要和想要的产品或内容，以取得客户的黏性，获得客户的认可。也有一些APP根据用户在使用时留下的数据，研究客户的使用习惯或者观念，满足客户的需求，不断生成新的产品、推出新的版本来占领市场，增强竞争优势，使得更受客户的欢迎。

从技术上看，大数据与云计算的关系就像一枚硬币的正反面一样密不可分。云计算的核心概念就是以互联网为中心，在网络上提供快速且安全的云计算服务与数据存储，让每一个使用互联网的人都可以使用网络上的庞大计算资源与数据。云计算具有很强的扩展性和需要性，可以为用户提供全新的体验。总而言之，云计算让数据活了起来。人工智能通过各种判断和推理进行自主学习，改变了媒体融合各类信息的方式，改变了人们的生活方式，为人们提供全方位的便捷。高校思想政治教育与大数据、云计算、人工智能相结合，既能够将教育资源整合起来，又能够让教育资源在教育者与受教育者之间更加快速地传播。高校思想政治教育可以通过建立数据库、资源库来丰富教育的内容，合理利用各种平台将教育的价值发挥出来。

要将大数据、云计算和人工智能结合起来，建立高校思想政治教育资源数据库，首先需要明白教育资源库的信息来自哪里。教育资源库的来源主要包括了受教育者的信息、高校思想政治教育课程的资源和社会资源。可以运用信息技术，将思想政治教育的数据进行收集和整理，顺着这些数据的轨迹来探究学生的生理心理状态以及能够接受的知识的程度，把握他们的学习进度。可以通过分析学生的思维能力以及生活规律，运用相关辅助教学，让学生更好地接受与新技术融合的思想政治教育。云计算的储存服务功能以及人工智能的传感技术对于教学资源的收集和处理是非常有利的，受教育者可以根据其产生的效用来增强自己的体验。教育者利用这些资源以及技术，可以丰富思想政治教育的内容，从而有助于教育从信息化转变为智能化。

三、利用媒体关系，活化教育内容

随着媒体的迅速发展，高校思想政治教育与媒体之间的关系也越来越密切。能否正确处理两者的关系，决定了高校思想政治教育可否通过媒体进行更好的传播。人总是作为社会的一分子而存在的，并不是单独的个体，脱离了社会的人是不存在的，而高校学生本身就处在各种较为复杂、也较为丰富的社会关系当中。媒体关系主要是通过链接将个体的人转化为群体的人，赋予个体主体权利，从而实现社会关系和社会网络的资源化。在这样的现状下，人与人之间的关系利益，或者人与媒体之间的关系利益，能够促进受教育者对于教育的兴趣，成为受教育者需求和交往的有效影响因素。媒体的关系利益释放可以通过非线性的整合，使得受教育者获取各种教育资源，能够帮助学生获得思想政治教育内容。学生获得思想政治教育的教学内容，能够增强其认同感。如今，微信、QQ、抖音、快手等软件形成了一种特有的文化，这种文化通过网络缩短了人与人之间的距离，消除了时间的障碍，把有共同爱好和文化价值或个人经历相关的人联系起来，思想政治教育更容易在这样的人群圈子中进行传播。通过媒体的关系赋权，思想政治教育无可避免地要创新以适应这样的新趋势。融媒体不但改善了传统媒体的单一形态，还从多个方面、多个角度对资源进行第二次加工处理或进行再创造，来满足受教育者的个性化需求。思想政治教育的形式在通过融媒体传播的过程中不断发生改变，使得大众能够更容易接受其内容，形成了资源的活化。教育内容经过多级传播并进行多次的推送，能够增加学生的浏览量，形成人际资源，从而增强教育内容的信服力。

中华民族伟大复兴的中国梦是中华民族的共同理想和不断奋斗的目标，有着强大的凝聚力量。中国梦的实现需要坚强的决心、坚定的信念和排除万难的责任意识。大学生作为实现中国梦的希望和强劲动力，是高校思想政治教育工作的重点。一方面可以通过红色基因教育，引导大学生正确地认识自我和塑造自我，帮助大学生做一个有远大理想和抱负的人，实现自我价值和社会价值，做一个对社会有用的人，弘扬中国精神，为实现自己的梦想和中华民族伟大复兴的中国梦而奋斗；另一方面通过中国梦实现引导大学生树立正确的学习意识，让学生树立"为中华民族伟大复兴而读书"的责任意识，明确自身读书的目的，更好地调动学习积极性，实现更好的学习效果。

通过中国梦红色基因的弘扬，将传统抽象的思想政治教育理论变成具体的通俗易懂的思想，便于大学生认识和理解，增强中国梦的教育性、指导性和实践性，增强高校思想政治教育的实效性，培养全面型人才，实现维护国家安全和社会稳定的中国梦战略要求。

四、融媒体背景下的社会主义核心价值观教育

高校社会主义核心价值观教育需要与时俱进，充分和电视、报纸、微博、微信等媒体融合，这样做对大学生的话语体系、传递信息方式等重构，创新融媒体网络生态圈有着重要的作用。

1. 构建立体多样的融媒体网络生态圈

据相关统计数据表明，我国网民构成主要是青少年，其获取信息的主要渠道是广播、电视、微博和各大门户网站。因此，构建以广播、微博和各大门户网站为媒介的多样化融媒体网络生活圈，对于当代大学生来说意义非凡，不仅可以使得大学生利用融媒体网络生活圈获取最新信息，掌握时态动向，还能够有效传播社会主义核心价值观。

高校除了应当充分利用报纸杂志、课堂教学、电视、微博等作为思想政治教育媒介，还需要构建以"富强、民主、文明、和谐，自由、平等、公正、法治，爱国、敬业、诚信、友善"为内容的融媒体社会主义核心价值观生态圈。在进行思想政治教育过程中，通过系统化课堂教学等传统方式传授给学生知识的同时，借助融媒体传播优势，将其融入大学生思想政治教育中去，让大学生可以以自己喜欢并且能够接受的方式学习思想政治，通过融媒体弘扬英雄事迹、模范人物等正能量，传递给学生鲜活范例，正面引导大学生内化社会主义核心价值观，用马克思主义指导思想引领多样化的社会意识，培养大学生群体中正能量"大V"网络群体，构建高校官方融媒体，以营造大学生系统获取社会主义核心价值观的载体，引领融媒体生态积极发展。

2.提升社会主义核心价值体系的网络思想兼容性

我国是发展中国家，加强意识形态建设任重道远。在社会主义核心价值体系建设中，要以马克思主义为指导，积极塑造马克思主义话语权，根据我国具体国情和现实状况，凝聚在持续推进中国特色社会主义建设进程中的融媒体空间内，增强马克思主义话语权的时代性和包容性，充分展现出"中国魅力"，发挥好社会主义核心价值观对我国融媒体发展的统领作用。同时还需要对进入我国融媒体生态圈的外来文化和观点保持批判态度，对于符合并能够充实和丰富我国社会主义核心价值观的内容采取兼容并蓄的态度，对于破坏我国国家安定、和谐的不稳定因素，要采取禁止或限制举措。弘扬积极向上的融媒体生态圈主旋律，规范对意识形态领域的管理，坚持社会主义核心价值观，并尊重差异，包容多样文化，最大限度地形成社会思想共识。

3.采用"多频分众化"的方式找准媒体融合点

大学生社会主义核心价值观的培育需要通过多种途径和方式进行。在融媒体时代下，大学生核心价值观的培育更需要和融媒体相契合。高校在此过程中需要采用"多频分众化"的方式，找到新媒体与传统媒体的契合点，在此基础上为大学生提供多样化的网络产品和服务，并通过所提供的网络产品和服务适时引导并培育社会主义核心价值观。这就需要高校思政教育工作者熟知媒介基础功能，学会用当下主流媒介传播社会主义核心价值观。高校在进行思政教育时，要注意传播内容上原创和转载相结合，并通过和学生的沟通交流，培育大学生正确的网络认知，丰富大学生的网络情感，坚定大学生的网络意志。同时发挥出传统媒介如报刊、电视等主流媒体的作用和微信、微博等新媒体优势，养成既能够发挥传统途径的系统性和全面性，又能够发挥出新媒体途径的高效率和及时性，更好地发挥融媒体平台的作用，利用融媒体优势及时和大学生开展对话、沟通和交流，引导大学生思想发展。

4.将社会主义核心价值观嵌入大学生的意识形态中

大学生的社会主义核心价值观要贯穿到大学生生活、工作和学习的全过程，首先需要有意识形态的引导，通过高校课堂和实践活动培育大学生的社会主义意识形态。高校课堂要让大学生能够准确、全面地感悟、理解和掌握社会主义核心价值观，实践活动则可以通过实践，让大学生化理论为实践，积极践行社会主义核心价值观。在融媒体背景下，针对大学生热衷于刷微博、晒朋友圈、分享心得等现象，以社会主义核心价值观为指导，培育大学生的凝聚力和向心力，将社会主义核心价值观嵌入融媒体网络生态圈，创建多元、有序的网络生态环境，同时借助于融媒体平台下电视、微博等的网络塑造功能，把握好时代方向，引导大学生自觉认同、培育和践行社会主义核心价值体系，构建良好的网络生态环境。

5.塑造大学生"情感认同""政治认同""文化认同"，培育大学生社会主义核心价值观

"情感认同""政治认同""文化认同"简称为"三认同"，它是培育大学生社会主义核心价值观的核心，是一个完整的统一体，三者缺一不可。

首先，"情感认同"作为践行社会主义核心价值观的基础，是人的情感和态度倾向，是人的一种主观能动反映。它指的是大学生群体发自内心地对中华民族和国家的热爱，认同社会主义核心价值观，认同党的方针政策。在融媒体环境下，情感认同不仅指大学生坚定对民族、国家的情感，还指在缺少管控和监督的互联网平台上依旧践行自身对民族、对国家的深厚感情，担当起大学生的使命和责任，勇于抵触不良网络思潮的影响。

其次，"政治认同"是指大学生作为社会主义事业的接班人，必须承担起建设中国特色社会主义的政治责任和使命，自觉规范自身政治行为，坚持社会主义制度、坚持中国共产党的领导，在是非面前保持清醒的头脑，对于一些不

当言论和行为有自己的态度和担当，坚决反击网络空间中危害国家利益和社会稳定的言论和行为。

最后，"文化认同"是指认同中华民族传统文化，赞同和认可中国精神文化、物质文化和制度文化。文化作为我国的软实力，代表着我国各种精神的"魂"。具体来说，就是认可和践行社会主义制度文化，在融媒体的背景下更要深入了解我国的国情和历史，深入理解和感悟我国传统文化的独特魅力，吸取中国优秀传统文化的精髓，从更深层次上认同我国社会主义制度和社会主义道路的正确性，高扬"文化认同"的旗帜，积极投身我国文化事业的发展。

融媒体时代下，网络空间的开放性、多样化和无门槛化，打破了时空和地域的限制，西方社会利用其在网络中的技术优势，大肆传播所谓的"普世价值观"，用和社会主义核心价值观相冲突的理念误导我国民众，严重影响大学生社会主义核心价值观的形成。因此，在融媒体环境下，高校思政教育应当紧抓"情感认同""政治认同"和"文化认同"三认同，让三认同理念深入人心，引导大学生自觉、合理使用网络，占据融媒体舆论场地，以社会主义核心价值观引导融媒体舆论，控制和驾驭网络新媒体；以中华民族伟大复兴的中国梦为载体，帮助大学生塑造坚定的"共产主义理想信念"，引导大学生将自身与国家融合在一起，共同为中国梦贡献力量。

第二节 借助媒体融合的互动性构建教育主客体的双向交流模式

当前，随着各类新媒体的出现和媒体融合的不断发展，改变了以往大众传播时代下信息单向传播而产生的双方信息不对称现象，促使传播者与受众之间共时性双向互动交流。例如，《环球时报》的编辑在微博发布事件后，通常会在评论区留言实现与用户的良好互动，来获得更多用户的关注。高校要参与到媒体融合的进程，就要充分运用先进科学技术手段，加大力度推进思想政治教育宣传工作，建设教育主客体双向互动交流模式，使学校紧跟媒体融合时代发展的步伐。

一、培育媒体融合型人才，推进高校思政教育工作

媒体融合程度的加深，促使了信息传播途径不再局限于固有途径，而是朝着多样化方向发展，为高校思政教学提供了便利。思想政治教育者相对于教育对象来说是成熟的主体，他们必须要具备较高的政治觉悟和丰富的媒介素养，不断地增强主体性，引导学生养成与未来社会发展相适应的专业技能和思想政治素养，切实有效地履行思想政治教育职能。是否能为社会培育媒体融合型人才，关键在教育者。思想政治教育者只有具备了主体性，才能发挥思想政治教育的主体作用，进而推进高校思政教育工作顺利进行。媒体融合是当今的主流，培养新一代融合型人才便是重中之重，而高校教师自然要肩负起培养的责任。

作为高校思想政治教育者，首先必须要具备丰富的理论知识、科学的教育方法和优良的道德品质。丰富的理论知识是教育者的核心条件。但教育者不只专业知识要过硬，也要积极参与相关课外培训实践，提升综合能力水平，在开阔视野的同时充分了解社会时势，关心社会现状。教育者在课堂上要旗帜鲜明坚持正确的政治方向，坚持以马克思主义和中国特色社会主义基本理论为指导，以自己的思想行为去影响和感染学生，引导学生树立正确的世界观、人生观和价值观，达到立德树人的教育目标。

其次，面对媒体融合带来的变局，教育者需要不断提升媒介素养。在日常教学中，教育者要能够熟练掌握并运用各种新式媒介技术，形成正确的互联网络思维，教授学生具有适应多种媒体需要的能力。融媒体具有图片、声音、影像结合的特点，能使高校思想政治教育者更直观地进行思政教学。媒体融合是信息时代背景下媒介发展的走向，媒介的范围广阔，涉及各行各业，教育者要把教育内容与互联网智能端等新兴媒体传播通道有效结合起来，内容共享，集中分析，然后再教授给教育对象。媒介技术的广泛使用，促进教学模式、教学体系和教学内容的改革，加速教育手段的现代化，从而打造高效课堂，提升教育对象的学习效率。随着媒体融合的出现，思想政治教育者面临新的挑战。教育对象的个性特征在媒体融合的背景下被凸显出来，教育者迫切需要根据学

生的个人喜好来选择符合高校思政教育的新媒体平台，建立与学生良好的沟通关系，增强情感上的共鸣。同时，教育者可以通过互联网大数据的运用，实现数据分析效果最大化和最优化，清楚了解每个学生的优缺点和学生之间的分化差距，从而借助大数据对学生进行有效的针对性教育，引导学生培育社会主义核心价值观。

最后，教育者在培养融合型人才的过程中还需增强对信息的辨别能力。在媒体融合的背景下，信息的传播发生了变革，扑面而来的是纷繁多样的海量信息，容易蒙蔽人们辨别是非的能力。面对这种情况，教育者最需要的就是通过新媒体技术，对信息进行有效合理的辨别，取其精华，去其糟粕，筛选出适合思政教育的核心内容，并从根本上杜绝负面信息，提升信息的有效性，向学生弘扬积极思想和社会正能量。

二、运用媒体技术算法优势，掌握教育客体的个性

如今，我们处在互联互通的网络时代。人工智能技术发展迅猛，大数据、算法技术日渐成熟，在很大程度上补充了传统教育的弊端，为高校思政教育带来了巨大的改变。教育者只有利用好媒体融合时代的算法技术，才能进一步掌握教育客体个性化特点。

算法技术可以对受教育者的需求进行深度挖掘，精准分析，教育对象的学习需求、生活需求和情感需求都能全方位地展现出来。教育对象的个性化，给高校思想政治教育带来了机遇和挑战。教育者可以通过新媒体技术传播思想政治的内容，采用视频、录像、智能课件等吸引学生的兴趣，激发学生的学习热情和学习欲望，促进学生思政学习的积极性，从而提高学生的思想道德水平。同时利用算法功能，缩短学生反馈日常问题的周期，发现问题并给予及时改进，及时对思想薄弱学生进行教育指导，提高思想政治教育教学的有效性。

在教育过程中，学生是受教育的对象，教师是教育活动的组织者和领导者。学生作为有自觉性和独立性的人，在教育过程中始终是有意识有目的地参与学习。同时，学生也具有可塑性和向师性，教育主体的一言一行都会影响学生的思维方式，因此，增强学生的主体意识是学校开展思想政治教育的必然要求，是时代发展和学生自身特点所决定的。

发展新媒体的算法功能，教育者可以清楚地掌握学生的行为特点，对将来展开积极有效的思想政治教育是非常重要的。教育者可以通过互联网大数据，分析学生在网络上的浏览阅读、点赞收藏和评论留言等，以掌握受教育者的个人爱好、学习习惯和思想观念，从而根据他们的特殊性，对每一位学生都可以有清楚的个人定位。在教学过程中，教育者需要使用不同的教学内容、教学形式和教学手段，对学生进行针对性的教学，提高其思想道德水平和综合素质能力。

在知识裂变的今天，学生学习知识的多面性、广泛性、自主性对高校教育者提出了更高的要求。仅靠传统教学中的黑板粉笔、纸质档案是远远不能满足学生需要的，也不能满足高校培养专业人才的需求，所以，教育者对新媒体技术的运用势在必行。

总之，教育者要充分认识到新媒体、新技术在高校思政教育教学过程中的功能和作用，并自觉地在教育教学活动中有效地运用新技术，探索教学规律，启发学生思维，提高教学质量，承担起立德树人的使命。

三、创新高校文化产品，营造教育主客体互动氛围

伴随着信息社会的不断发展，信息单向传播的模式已经成为过去，多样化互动式的新媒体传播形式成了未来发展趋势。在融媒体的背景下，新闻的传播速度与广度不断增加。原来我们只能从报纸、广播、电视知晓事件话题，而如今，我们可以通过微博、微信、知乎等平台关注事件，参与话题的讨论。教育者在进行思想政治教育时，要积极拓展传播手段和传播途径，利用人工智能、大数据分析等新技术，实现高校思想政治教育宣传最大化。同时，要结合学生发展的需求和时代发展的需求，不断地创新高校文化产品，营造教育主客体的良好互动氛围。

首先，要依托新兴媒体的优势进行思想政治教育内容的推广。例如，高校可以创建微信公众号，根据时事热点和校园事件来编辑公众号的推文，通过新传播模式吸引学生的兴趣，增长学生的课外知识，开阔学生的视野。类似于微

信公众号，微博同样能发送推文，并鼓励学生积极发表言论，编辑工作者可以进行及时的答复和正确思想的引导。新媒体的出现无疑创新了教育理念、教育形式和教育手段，全面增强舆论的引导能力、思想政治的引领能力和教育工作者以人为本的服务能力。

其次，在我国传统的教学模式中，大多数学习过程都处于传递与被动接受的过程，这无疑限制了学生的主动性，教学相长无从实现。但是，随着新媒体技术的日新月异，教育者将抖音等短视频引用到教育、教学中，通过直观的方式传达给学生，有利于清晰呈现教育者的教育思维，师生的交流变得丰富起来，课堂氛围由此也会变得轻松愉悦。

教育者与教育对象的互动要素主要分为三个方面：学生、教师、校园。学生是教育活动的重要组成部分，是受高校教育的对象。学生在高校期间多多少少会存在一些学习和生活上的问题，高校辅导员可以通过钉钉等新媒体平台来推送日常生活和学习事件，例如天气大幅度的变化、日常考试的时间安排等，来加强师生间的互动交流。教师是高校培育人才的关键所在。教师的专业知识水平和思想道德素养，在某种程度上会直接影响学生的道德水平和行为习惯，因此，教师间的教学资源共享、教学经验借鉴是非常有必要的。教师在日常教学过程中，可以借助新媒体平台和学生一起学习交流，师生间形成一种快乐共享、知识共享的和谐状态。校园层面是教育活动最广泛的方面。校园事件、校园热点是师生课后讨论的话题，为保证校园事件报道的真实性，可以安排相关人员在校园广播站进行定点广播，也可以在公众号发布校园新闻，壮大主流舆论阵地，让校园正能量更强劲。

第三节　运用媒体融合载体的多样性创新教育方式

媒体融合背景下，高校思政教育完全可以利用其广泛的来源和传播媒介等来拓展自己的载体，丰富宣传内容，这样创新融合式的发展能够真正做到整个教育载体的提升。

一、运用场景技术，提升教育可视化

当下时代最鲜明的特色便是科技的快速发展，在移动通信方面的技术运用也已经到了可以空间构建的程度，这也就是所说的媒体在场景中融合技术。这样的场景在发展过程中会创造出一种叫做"人为构设且被建立"的环境条件，可以还原所需要的环境下的所有人和事物，清晰还原现实中的景象。这样的技术特征使得用户在使用时可以充分调配资源来适应自己，在虚拟网络里的空间场景来实现现实和自我的联系。这样的技术最直接的运用就是在百度地图和高德地图这样的地方进行场景搜索的软件。正如加拿大学者马歇尔·麦克卢汉曾经指出的一样，"媒介就是讯息""媒介是人体的延伸"。这样的场景技术要是能够融入思政教育之中，就可以完全拓宽教育的领域，建立起专用于教学的平台。这样的平台可以兼具虚拟化场景构建和联系技术。

高校思政教育可以利用如 H5 技术、VR 技术、4K 超高清、无人机整合等技术搭建空间化的教育平台，突破原本平面化的内容限制。对于 H5 来说，最为关键的是将图片和声音最大化结合起来，这样就使得在教育时学生既可以有视觉上的体验，又可以有听觉上的配合。而 4K 超高清可使受众在接受思想政治教育时有外感的舒适体验，可以有最大化受众的场景体验感。除体验场景外，还有 VR 的影像技术，在这种环境下，受众在接受思想政治教育时可以达到深入吸引，完全沉浸。而无人机整合，则是将虚拟现实设备调控和机器人写稿相结合。2017 年之后，开始向着 PGC 的方向发展。PGC 也就是专业性内容生产的意思。

高校思想政治教育在这样的融合过程中，逐步将图片和声音以及视频等元素相结合，从而具有了强大的信息承载力和信息的传播力。利用场景技术，在教学方面可以更好地感知学生在发展过程中的环境水平和社交活动的区域等，增进对于学生个体特性的掌握范围和掌握程度。同时学生也可以更立体化地去学习思想政治教育的内容，直观、形象地消化理解思政教育内容精髓。

成功利用融媒体技术推进教育的案例是可以追寻的，例如：新华社在 2016 年 2 月就曾对所推出的"四个全面"说唱视频做了结合卡通、快闪以及弹幕等形式的尝试活动。这样的新式解读更加生动地解读了"四个全面"之间的关系。这个视频最后也带来了近7300万的浏览人次。又像央视新闻客户端曾配合CCTV新闻频道的电视屏技术效果的结合，特别推出《抗战日历》新版本，成功形成了视觉和新媒体技术的联动效果。这样巨大的成功就是当下利用融媒体结合来发展具体领域的典范，为后续这样类型结合活动的开设提供了极大的帮助和借鉴意义。

可以说，与融媒体技术的充分衔接，已经成为现时代最为成功领域的发展技术，其中所展现出来的结合特征和效果就是向未来发展的最有代表性的方向化指导。

二、运用媒体融合技术，达到教育动态化

就目前来看，信息传播和交流的主体依然是人，人还是交流过程中最为重要的接收端，关键在于如何处理信息与人的相调配问题。最佳的状态就是"终端随人走，信息围人转"，这就要求信息的传播必须展现出可以多样化调度和传播的优势。对于媒体这样的需求，目前最有效的方式就是实现连接端口的多样化。这样成功建立起来的信息传播端口就会有能力进行多次乃至上万次的传播，从而呈现出信息传播形式的多样化和灵活化特征。

拓展了端口的数量之后，多种媒介可以实现不同形式的共存，传播式教育也可以最大程度上实现对于传播数量和范围的要求。高校思想政治教育要与新时代的发展相结合，就必须与当代最为先进的媒体传播技术，即融媒体相结合。这样，在结合多个形态的媒体技术之后，高校思想政治教育才可以最大化增加传播内容，提高传播效果。这样的信息传播既有利于对内容的及时更新，也可与时代同向同步。

高校在进行社会主义核心价值观教育时，可以充分借鉴中央电视台对于当下融媒体环境下的信息传播的改革方式。中央电视台明确提出了"台网并重、先网后台"的发展战略，这样的发展战略带来的直接效果，就是实现多卫视和多网端的有效连接，从而使相互达到配合最佳化。借鉴中央电视台的成功案例，高校可以建立一个终端通过多渠道发布的信息平台模式，就像慕课平台、翻转课堂和微课等进行全方位、多渠道、多方式教学，用学生喜闻乐见的方法进行社会主义核心价值观教育。在这样的多渠道模式下，信息的传播就只需要从一个终端传出，再经过所有已经成功建立的平台发出，就可以实现信息的同步多地传播的效果。

总之，高校在进行社会主义核心价值观教育时，对于传播路径的选择，首先要能够把握住学生最喜欢的网络传播途径，再做好之间的连接环节，整体提升教育的多样性和动态化水平。

三、运用平台构建技术，实现教育网络化

思想政治教育平台要根据不同青年社群的特点制订教育方案，形成有针对性的新媒体矩阵。只有做到传播网络矩形格局，才能实现远超预期的传播效果。

中共中央办公厅、国务院办公厅印发的《关于推动传统媒体和新兴媒体融合发展的指导意见》，详细地说明了当下时代最突出的融媒体技术。融媒体技术在加入了共享化和智能化因素之后已经能利用互联网进行重构，从而成为一个新的网络生态系统。

高校社会主义核心价值观教育不仅要能完成自我水平的提升，还要能够与当下最为热门的软件，如抖音、快手、今日头条、微信读书等结合，向《人民日报》、央视影音等网络移动平台学习，学会如何吸引学生的最大注意力，要能够实现对于大覆盖率下学生资源的吸引。

与时代同步，社会主义核心价值观教育不只是有传播形式的拓展以及传播内容的丰富，还有如何面对现有网络环境所带来的挑战和限制。思想政治教育在利用融媒体的过程中，一定要充分针对这些问题进行调整和升级。

教育网络矩阵化格局，由互联网数字技术和多种媒介载体组成，从而具有数字媒体所带来的系统协调、统一调度等多种媒介系统优势。在传播载体方面，也可以实现与传播平台如微博、微信等信息交流软件、与慕课和数字化教育平台等教育软件的结合。

实现传播的互通，可以最大限度地实现对大学生社会主义核心价值观的

引导、内容灌输，再结合本身固有的现实生动的教学基础，达成线上线下的教学内容统一化，为学生带来鲜活优质的思政教育。

第四节　通过媒体融合的可控性建设生态化校园环境

高校是党领导下的高校，是中国特色社会主义高校。也就是说，高校的思想政治工作者有责任和义务对学生进行引导，培育学生的社会主义核心价值观，让学生能够适应社会需求，全面完善自己。

随着时代发展，新媒体之间的融合让网络平台和终端大众化，让信息传播的速度加快，使新媒体主要使用群体——高校学生受到了一定程度的影响。高校学生对于网络的接受和使用程度较高，能够在网络中接收到海量信息，校园的信息环境也在不断发生变化，这也增加了学生受到各种负面信息影响的可能性。所以，高校思想政治教育者就应该适时调整工作方向，充分利用媒体融合的优势，让校园环境逐步优化，帮助学生摆正心态，树立积极向上的思想观念。

一、培育校园"媒体意见领袖"，积极发挥朋辈教育

"网红"这一新时代的名词，是互联网时代发展的一大显著特点。这些网红紧跟时代前沿，凭借自身优点，拥有着强大的粉丝群，他们的一言一行都可能引起粉丝的关注，甚至在网络上也可以造成很大的影响。另外，这些网红通过在新媒体发布视频，让其粉丝转载以及在网络上进行评论，来获取流量。这些网红就是"网络意见领袖"。

"网络意见领袖"有着巨大的影响力，这符合思想政治教育的榜样、朋辈教育理论。另外，"网络意见领袖"因为依托于网络信息的传递，其显示身份并不明确，对于他人施加影响，往往采用"因势利导"与"造势引导"相结合、设置网络议程、制定议题框架、抑制反对意见的发表等方法。当然，这种"网络意见领袖"是一把双刃剑，有利有弊。想要营造乐观、积极向上乃至体现社会主义核心价值观的校园文化氛围，潜移默化地对校园环境产生影响，

校园"媒体意见领袖"的培养是必不可少的。高校思想政治教育要意识到校园"媒体意见领袖"对于校园环境的巨大影响力，对校园"媒体意见领袖"合理利用，这一做法符合思想政治教育中的渗透法和实践法。

校园"媒体意见领袖"的培养可以通过以下方法：第一，选择优秀学生个体。只有自身足够优秀、有着坚定的政治立场，才能为其他学生树立榜样作用，形成朋辈教育。另外，校园"媒体意见领袖"还需要有较强的交流沟通能力、卓越的文化素养和熟练的网络技术，从而对其他学生产生影响。第二，加强网络应用能力。校园"媒体意见领袖"必须清楚了解各种网络功能，让多样化的网络媒体发挥其作用。第三，宣传"意见领袖"的闪光点。通过各种网络媒体宣传校园"意见领袖"的事迹，形成一定的影响力，并举行各种活动加强他们与其他学生之间的交流，从而引导其他学生的思想。当然，在媒体融合时代，校园"媒体意见领袖"的培养必须契合时代要求，能够正确甄别网络上纷杂的信息，对其他学生起导向作用，让校园舆论环境朝向正确的方向发展。

朋辈教育是高校学生之间价值取向、政治取向引导的主要方式，因为其渗透性、接触性、长期性的特点，能够在引导学生形成正确政治取向方面发挥出重要作用。因此，高校要让思想政治教育渗透到学生中去，必须积极培养校园"媒体意见领袖"，用朋辈教育的方式，发挥对学生群体的感染力，使得社会主义核心价值观培育能够在高校校园中成功渗透。

二、成立高校媒体融合管理中心，加强网站的运行和监督

培育社会主义核心价值观必须依托于网络，这是媒体融合背景下高校思政教育的必然选择。但是，网络信息良莠不齐，如何进行合理的筛选是一个问题。因此，高校媒体融合管理中心的建立就十分必要。管理中心通过对网络信息进行筛选过滤，进而保证干净整洁的校园网络环境以及教学环境的良性发展。

高校媒体融合管理中心能够对网络平台和终端的各项内容进行监督管理。管理中心的组建，首先需要能够熟练掌握运用网络、综合素质强的教师队伍，其要有丰富的教学经验，对于突发事件能够临危不乱，合理解决。

另外，辅导员队伍也是必不可少的。作为学生领导者的辅导员，要对学生的行为进行约束规范，能够熟练地处理学生的日常生活问题，并在学生学习、生活方面予以引导，使其不断增强自身的综合实力，积极参加校园实践活动。除此之外，学生在网络上反馈的各种问题，辅导员也要及时解决。

心理教师团队同样是必要的。因为网络信息复杂，导致学生在网络活动中会受到各种各样信息的冲击和干扰，很容易出现心理上的问题。心理教师能够及时根据平台中学生的反馈来判断学生的心理状况，对学生进行及时地引导，通过情感交流改变学生对待学习和生活的态度。

紧接着是能够起到朋辈教育效应的学生队伍。我们很容易发现，最了解和能够影响学生的永远都是学生。学生队伍对于学生群体的思想发展状况可以做到很好的引导和反馈。学生队伍的组成包括班干部、学生会成员等，也可以是校园"媒体意见领袖"。这些成员在学生中有一定的影响力，能够获得学生的信赖，并且因为接受能力较强，对于网站平台的运行以及创新发展都有着极其重要的作用。

最后就是多媒体技术成员。这些成员需要掌握网络平台的运行规律以及新媒体技术，能够在复杂多变的信息中快速筛选出可以供学生了解的信息，保证网站健康运行。

网站管理体制也需要及时建立。只有具有完备的网站管理体制，才能在媒体融合的背景下建设生态化校园环境。首先，各个管理部门之间要分工合作，共同发力，对校内外信息进行监督管理，保证正向校园文化氛围。其次，要具备保障管理中心能够正常运行的条件，其中最重要的就是资金保障。资金充足是网站能够正常运行的基础。在这个问题上，可以依靠国家、学校的资金支持，也可以借助一些校外企业的赞助，进行一定程度的校企合作。例如，可以在思想政治教育平台上来为校外企业发布一些关于招聘、产品的信息。只有这样，才能保障校园网络平台正常运行，同时还可以促进校企合作，增强学校竞争力，为媒体融合背景下的社会主义核心价值观教育奠定基础。

第五节　融媒体背景下高校网络思想政治教育的队伍创新

教育教学，尤其是思想政治教育，在任何阶段，从幼儿园爱国主义情怀启蒙，到高校思政课堂马列主义教育，都不是相关任课老师单纯一个人的工作。高校思想政治教育离不开学校党委顶层设计的引导，离不开学校各院系、各部门通力配合的支持，离不开思想政治老师等的奉献。它需要以师资队伍作为基石，合力育人。因此，在新时代融媒体背景下，高校网络思想政治教育的队伍建设有着极大的现实意义。

一、高校党政部门紧紧掌控教育主动权

"高校思想政治教育离不开党委的引导，党委要保证高校正确的办学方向，牢牢掌握高校思想政治工作的主导权。"任何船只的航行，都离不开引导航向的舵手。高校思想政治教育工作如海上行驶的船只一样，需要以党的思想作为前进的方向标。《关于坚持和完善普通高等学校党委领导下的校长负责制的实施意见》中强调了党委书记领导下的高校校长班子对于国家统筹领导普通高校思想政治建设的重要地位。落实以党委领导为核心，以高校校长为主体的校长负责制是高校思想政治教育的原则及导向。

高校党委组织不仅要有敏锐的政治洞察力，在第一时间掌握国家最新方针政策并传达给高校全体师生进行学习，还要充分发挥基层党组织的作用，加强队伍建设，建立合理的选拔、提升、撤销制度，不断强化党委组织领导班子，为党的思想政治教育输送新鲜的血液，不断壮大队伍，提升其综合素质。

除了领导者的身体力行，广大师生也应严格落实党的理论学习，提高工作效率和执行力。每一名共产党员更应该主动担起责任，端正服务意识，做好师生的思想引导工作。

思想政治教育是关乎国家建设的大事，是国家政治风向和政策方针的"扩音器"和"传声筒"，它与社会的稳定和谐息息相关，因此，党政部门必须严格履职尽责，踏实工作，把好思想政治教育的质量关。

二、突出融媒体背景下大学生的主人翁地位

说到底，思想政治教育终究是以广大青年学生为主体的，他们不仅是受教育者，更应该是主人翁。思想政治教育不是仅靠党委部门、靠学校管理者宣传、引导就能够实现的，它需要学生发挥其主观能动性，意识到自己的主体地位，"自觉、自主、创造性"地学习并接受。

广大教育者要有意识地突出和强化学生在思想政治教育活动中的主体地位，以利于他们自主性与创造性的发挥。具体来说，相关工作者，尤其是任课老师，需要尊重青年大学生的主体地位，不再一味突出自己在思想政治教育中的主导者地位从而压抑学生的参与感。课堂不应该是老师的独角戏，应当给予学生更多的自我思考、组队讨论等能够调动其学习积极性的课堂时间。对于一些新奇的想法，要给予足够的鼓励和适当的纠正，借此引导学生实现自我管理、自我提高的目的。

首先，我们要明白"青年兴则国家兴，青年强则国家强""青年一代有理想、有本领、有担当，国家就有前途，民族就有希望"的道理。大学生始终决定着思想政治教育的最终成果，因此，相关工作者在思想政治教育中，要刻意放大学生的主人翁地位，让他们清晰地认识到自己在思想政治教育中所处的重要地位，绝非被动的单纯的受教育者，而是直接影响着思想政治教育效果的主体。当明白了自己肩上的担子之后，大学生才能主动学习党和国家的方针政策，有意识地树立社会主义核心价值观，才能把一些关系国家发展、关系社会改革、关系民生的新闻也纳入自己日常关注的信息中去。

其次，思想政治教育需要积极发挥团委等组织的带头作用。作为党员的学生干部更应该具备较高的思想觉悟，主动担负起作为一名党员的光荣使命，积极配合思政老师或党委部门宣传党中央的思想和主张，引导同学的思想朝正确的方向发展。党员学生干部对于一些遇到问题的同学，要给予积极耐心的帮助，引导其思想向党组织靠拢。自己也应该以身作则，在班集体中起好带头作用，定期召开主题班会宣讲党的最新理论和政策方针，对于一些出现偏激想法的同学要做好沟通工作。这样，让学生在思想政治教育中发挥主体作用不仅能

分担党委和学校的压力，也能使得思想政治教育工作更接地气。

最后，思想政治教育也不能是单纯的学校或者课堂任务。它应当融入大学生的日常学习和生活中。各级学生组织、社团可以开展各类活动，诸如就热点问题开展辩论赛、党员讲课、知识竞赛等，也可以组织开展集体的社会实践活动，诸如志愿者服务、看望孤寡老人等等，一方面传递正能量，充分发挥学生的活力和创造力，另一方面，让学生真切感受到思想政治教育与生活的密切联系。

三、主动举起引导大学生树立社会主义核心价值观的大旗

首先，高校思想政治教育工作者自身需要有不断进取、力争上游的奋斗精神，要不断提高自己的思想觉悟，主动去学习贯彻党中央的路线方针政策，认真踏实地完成自己的职责任务，保持终身学习的热情。其次，高校思想政治教育工作者更应该注重自己的言行举止，时刻严于律己，做好表率作用。因为社会主义核心价值观教育在一定程度上来讲更像是一面镜子式的教育，学生会受老师言行举止的影响。老师更应该端正自己的言行和思想，在学生中树立威信，起榜样作用。再次，高校思想政治教育工作者不仅仅是教育的实行者，同时也是监督者。尤其在当下纷繁的网络时代下，高校思政教育工作者更应该时刻警惕学生中是否出现了不良风气，要及时发现并纠正，做学生前进道路上思想的灯塔，为学生的健康身心发展答疑解惑。最后，高校思想政治教育工作者也是党中央和学生、高校党政部门和学生以及学生家长和学校沟通的桥梁，需要做好思政工作的传达和汇报，及时反映学生的思想动态。高校思想政治教育者要结合融媒体时代下新型的教育教学方法，促进学生全面发展，定期开展心理班会，了解学生内心的困惑并及时解答，深入学生集体，放下高高在上的老师形象，缩短与学生的距离，加强与学生家长的沟通联系，及时反映学生在校的近期情况，为广大青年大学生的成长保驾护航。

四、提供无障碍的教学资源支撑

所谓"兵马未动，粮草先行"。在融媒体时代，网络教学资源在高校思想政治教育中占有的重要地位不言而喻，它是网络思想政治教育的信息来源和技

术支撑。融媒体资源具有信息量庞大、信息类型千变万化、信息分布不均匀、信息质量不对称的特点，这是挑战，更是机遇。倘若相关教育工作者能够从海量信息中筛选出适合本校大学生的信息，使得融媒体成为高校师生获取需要信息的重要手段和途径，这样就可以从内部解决教育信息资源的供需问题。

除此之外，融媒体时代下的网络教学可以实现资源的共享，打破以往传统教育模式下教学资源垄断的壁垒。只要相关教育工作者加强对网络信息的过滤，实时监控网络舆情，加强与学生之间的联系反馈，了解学生的需求，合理安排思想政治教育教学，规避对学生可能产生不良影响的信息，阻止不良信息的传播，那么网络思想政治教育就会取得巨大的突破。

和谐稳定的网络信息环境对于广大青年大学生的社会主义核心价值观塑造有着润物无声的作用。为了能达成这一目标，仅靠思想政治教育工作者的努力是远远不够的，相关政府部门也需要加大对网络信息的调控和监管力度，用无形的手为高校思想政治教育保驾护航。同时要建立起层层递进、严谨缜密的监控系统，由面及线，由线及点，针对性地建立起保护屏障，及时发现并处理问题。同时硬件设备也要跟上时代进步的步伐，这是最基本也最重要的安全堡垒。思想政治教育工作者对于不当的言论要加以警觉乃至处罚，坚决抵制腐朽文化和西方反动言论的侵蚀。每一名思想政治教育工作者都有责任不让不良网络文化有传播的空间，为广大学生构建绿色安全的网络信息环境。当然，各高校还需要积极利用网络资源及时开展党中央路线方针政策的学习课程，让学生及时了解国家政策，培养其"社会人"的意识，提高其思想觉悟，与党中央保持一致，培养其坚定的信念和崇高的理想，由内而外抵抗不良信息的诱惑。

总而言之，网络思想政治教育的保障需要各方统筹配合和尽职尽责，培养学生的抗干扰能力，营造积极向上的社会环境，共同努力打造不可侵犯的网络思想政治教育"防火墙"。

五、提高高校思想政治教育工作者在融媒体时代下的文化素养

中国特色社会主义建设需要的是思想积极、紧跟党走、能为社会稳定发展做出贡献的高素质人才，而高校思想政治教师正是引导学生塑造社会主义核心价值观的"园丁"。因此，与时俱进的专业知识、时刻把握党中央政治动向的敏锐洞察力，以及兢兢业业的务实品质是高校思想政治教育工作者不可或缺的素质，只有拥有大批具有较高素养的核心思政教育力量，才能营造高校健康向上的网络文化环境。

融媒体时代下的网络信息纷繁复杂，对一些社会热点事件的看法更是不乏偏激的言论，再加上仁者见仁，一些网民，尤其是正处在冲动期和易受新事物影响的青年大学生，难免会有情绪波动或者被"带节奏的"情况出现，有时甚至会出现争执以至于语言暴力，那么此时，作为教育者的广大高校思想政治教育工作者，就更应该严于律己，明辨是非，为学生做好榜样，以积极客观的态度面对网络世界中的事件，对可能出现的舆论纷争及时做好洞察和规避，并时刻警觉学生的舆论动向，出现偏差时及时纠正。在做好监督者工作的同时，广大高校思想政治教育工作者也要做好引导者的工作，定期向学生推荐优秀的网络文化和思政内容，放大网络教学的有利部分，弘扬社会主义核心价值观，培养学生的鉴别能力和面对不良诱惑的抵抗能力。具体来说，高校思想政治教育工作者可以建立自己的微信公众号平台，推送一些热点新闻并选择符合社会主义核心价值观的评论，通过网络随时随地和学生沟通，积极为学生提出成长方面的建议，助力思想政治教育工作有效进行。除此之外，高校思想政治教育工作者还可以借助网络平台提高自己的工作效率并加强学生参与的积极性，例如用线上软件进行信息统计，利用钉钉等会议APP进行线上会议等，这些新颖的教育方式适合于乐于接触新事物的青年大学生们。学生和老师一起探索符合时代特征的思想政治教育新方式，在探索中与时俱进才是思想政治教育最和谐的氛围。最后，高校思想政治教育工作不应该各自为战，各高校之间有必要建立起比较完善的信息交互网络，实时地分享思想政治教育工作的经验，探讨遇到的问题，把依靠个体的力量变成依靠团队的力量，集思广益，从整体上入手，分层开展思政教育工作，由大及小，逐步稳固提升高校思想政治教育工作者的网络文化素养。

第四章

媒体融合背景下高校思想政治教育载体建设

第四章 媒体融合背景下高校思想政治教育载体建设

载体是活动能开展的重要前提，活动依靠一定的载体才能顺利开展。就载体本身而言，它是连接主客体的工具，需要承载相关的内容和信息，在传递给客体信息的同时，还能反馈给主体，并被主体所操控。将载体运用到不同领域中，就塑造了不同的载体。随着网络通信技术的不断更新，为了更好地进行高校思想政治教育，就需要有效地利用载体充分发挥思政教育功能，密切关注大学生思想的变化趋势，切实把握动态，从实处解决问题。

在高校思想政治教育领域中，如果以思想政治教育工作者作为主体，那么，受教育者则为客体。当主体向客体进行思想教育时，连接两者的平台就是载体，这个平台承载和传递着思想政治教育的本质。归根结底，高校思想政治教育载体就是一种教育活动形式，为主体所利用的同时，也受到主客体的相互影响。整体来看，主体和客体不论缺少哪一方，都不能成为一个完整的思想政治教育过程，在这个过程中，两者都在发挥着作用。

成为高校思想政治教育载体是有两个重要前提条件的：

第一个前提条件，就是必须能够承载思想政治教育的信息，并能为主体所操作。承载的信息主要是符合思想教育的目的、原则、任务和本质的信息。不能被主体控制和操作的载体，就不能认定为思想政治教育载体。

第二个前提条件，就是载体作为连接主客体的工具，必须时刻联系两者，这样主体和客体才能以某种形式相互影响、相互作用，实现相关信息的有效传递，才能形成一定的活动形式。

第一节　高校思想政治教育载体的特点

事物的不同之处就在于它有着区别于其他事物的显著特征。最根本的一点是，要从事物的表象挖掘出本质。从不同的理论层面来看，高校思想政治教育载体的本质特征，其表现形式也多种多样。

第一，活动性。高校思想政治教育载体的显著特性就在于它的活动性。载体作为连接教育者和受教育者的中介工具，它发挥效用的前提就是需要主客体的直接参与，形成活动；若没有直接参与，若没有形成活动，则会失去存在的意义。

第二，承载性。承载性表现在它包含着与教育相关的信息，比如教育的目标、内容、原则、任务等方面，思政教育主体利用载体对抽象思想政治理论进行分解，整合成生动形象的内容，进而完成教育的过程，才能让人们更好地发挥主观能动性，由内转外，更好地规范自己的行为。

第三，传导性。传导性是指更好地实现高校思想政治教育的目的，其主要任务就是将社会主义核心价值观传导给学生，使得学生将其转化为内力，实现立德树人的思政教育目标。

第四，关联性。关联性是指载体作为媒介连接着主客体。若没有载体，则无法实现主体与客体之间的相互作用。有效载体存在的意义，就在于教育主体可以实现对教育客体的引导和帮助。如果缺少载体，也就意味着没有关联性，自然也不能时刻传递相关的教育信息，更不用说具有传导性了。

第五，互动性。互动性是指主客体之间的联系是双向动态反馈的，二者直接借助载体相互作用、相互影响，形成一种双向互动关系。当然，其前提是主体和客体之间是相互关联的。

第六，可操作性。就是指教育主体对思想政治教育载体的有效运用。所谓的有效运用，就是对于载体的有效操控。随着互联网科技的不断进步，大学生对于外界的自主认知能力不断加强，其主观能动性也逐渐提高，但教育主体对于客体的引导和帮助是一直存在的，以后也不会丧失其在思想政治教育领域的主导地位。

高校思想政治教育载体的意义是：一是促进思想政治教育活动在高校的发展。只有思想政治教育工作者通过操控有效的载体向受教育者传导正确的世界观、人生观、价值观，才能塑造良好的、有秩序的校园文化。二是充分整合多种教育资源，发挥其效用。思想政治教育载体的形式多种多样，它可能出现在校园的各个角落，发挥着它的作用，比如教学楼标志牌中的规章制度、宣传栏中的校园活动等等，这些都多多少少地承载着思想政治教育信息。通过多种形式的载体发挥思政教育功能，从而影响受教育者。三是增强思想政治教育信息的时效性，将传导正确的思想落到实处。由于传统教育载体的局限性，信息传递落后，已经跟不上时代的步伐，这时就需要结合新科技手段与时俱进地构造出新的教育载体，为思想教育工作者所运用，才能真正发挥它的效用。新时代教育载体所具备的速度快、互动能力强和包含信息多的特点，是它能够在教育领域发挥实效的优势。

第二节　智能手机载体

传统媒体发展到手机媒体的过程，经历了三个阶段，第一个阶段是由网络传导纸媒信息，第二个阶段是网络优于传统媒体，第三个阶段是转向手机媒体。新媒体的快速发展推进了媒体融合的发展进程，智能手机的出现就已经代表了新旧媒体融合的趋势，传统媒体向移动媒体的转型更是大势所趋。现如今，智能手机媒体已经成为传媒的主要通道，实现了一站式的纸媒阅读、广播收听、节目观看和网络搜索，并对手机 APP 移动跨越和实现党报移动转型有着十分重要的意义。从整体来看，通过手机媒体这个平台，不仅实现了点与点、点与面的有机融合，而且促进了多方互动，"三网融合"的局面由此展开。网络的出现，使得这个世界中的主客体的联系更加纷繁复杂。高校中的信息交流，不再只是校园中的生活、学习和娱乐，有了网络，同学之间的交流、师生之间的互动更加频繁，更有与外部社会的无障碍联系，对于外部社会存在的方方面面的诱惑，这就需要教育工作者有效利用好网络平台对学生进行引导和帮助，为他们塑造健康的思想政治教育氛围，从一定程度上消除大众传播所带来的负面效应。

一、智能手机在高校思政教育中的应用优势

随着科学技术的不断发展，媒体逐渐融合，智能手机媒体快速兴起，进入几乎所有人的生活。现如今，几乎每个学生都有智能手机，手机媒体对学生有着不可忽视的影响。在带来即时便捷信息的同时，手机媒体也带来了各种非主流价值观信息，甚至是大量消极信息。所以，高校思政教育就必须将马克思主义意识形态嵌入手机传媒领域，传播社会主义核心价值观，让积极向上的精神和主流声音占领手机网络传播领域。这就需要我们以社会主义核心价值观和中华民族伟大复兴的中国梦为中心，构建高校思想政治教育网络平台，使手机领域中的马克思主义意识形态内容更加丰富。只有这样，我们才能满足大学生的精神需求，更好地坚持党的领导，走中国特色社会主义道路，守牢意识形态主阵地。智能手机媒体有着很强的舆论导向功能，需要我们高度重视。教师要紧跟时代潮流，引进新的教学模式，创造新的教学方式，加入新的教学内容，教学要贴近学生生活。相关部门更需要严格监管网络动态，打造一个健康、积极、向上的网络环境。随着电信网、互联网和广播网三网融合，手机资费下降，智能手机成为大学生日常生活的一部分，一些手机短视频软件应运而生。手机短视频填补了大学生的碎片化时间，受到大家的普遍欢迎。因此，将短视频和中国优秀传统文化、社会主义核心价值观教育相结合，形成当代网络文化精品，并通过短视频的方式传播，不仅能够推动传统文化的发展，也能够弘扬社会主义核心价值观，增强民族自信，激发大学生的爱国意识，有利于提升大学生的凝聚力和集体观念。在这种大环境下，高校需要与时俱进，将网络与高校思政教育相结合，营造一个积极向上的网络环境。

1.智能手机媒体的功能让思想政治教育有了更多选择

在融媒体背景下，智能手机的优势主要体现在传播速度快、传播范围大、

用户量大、有较强的互动性等方面，同样，它使高校思想政治教育不再局限于课堂，有了更多的选择。手机媒体有着极为丰富的资源，高校思政教育工作者可以借助手机软件平台传播马克思主义基本理论，开展思想政治教育活动，使大学生树立正确的价值观。此外，学生也可以通过手机，第一时间获取最新信息。马克思主义哲学、马克思主义基本原理，对于学生来说，理解起来较为困难，这时，学生便可以通过智能手机在网上搜索相关信息，和老师、同学相互交流，以加深理解。这种简单且快捷的资源获取方式和便捷的沟通手段，便是建立在智能手机媒体普及的基础上的。

随着智能手机的发展，其功能被不断挖掘，各种应用程序也被开发出来。中国知网等著名的学术网站便是在这种环境下被开发的。这些学术网站逐渐有了自己的APP，是学术界的一大进步，而利用手机媒体开发新技术，紧跟时代潮流，可以快速地了解热点信息，从而有效地提升思政工作的效率和效果。

学校的主要任务是立德树人，为国家输送人才。长时间以来，学校的工作重心局限于课堂专业知识教学，而忽视了对学生思想政治方面的教育。大学是一个小社会，只重视课堂教学，不符合社会的发展步调。因此，高校教育需要紧跟时代潮流，将手机媒体运用于教学，以提升信息传播速度。此外，开发手机应用，可以在最大限度上丰富手机的媒体功能，同时也给手机媒体的未来发展提供了无限可能。以此为载体，原先刻板、枯燥的思想政治教育能够以一种全新的方式呈现在学生面前，易于被学生理解和接受。

总之，智能手机媒体的发展，将教育者的主观能动性最大化，通过搭建校园平台，投身对学生的思想政治教育中，极大程度上增强了手机媒体平台的可操性。

2. 智能手机媒体的特点让思想政治教育更有针对性

对于传统的思想政治教育工作者而言，教育工作主要是面向集体。对于集体中个人的思想情况，教育者并不能够很好地掌握。其中有两个原因：第一，学生的个人信息较为私密，很难获得；第二，由于缺乏思想政治教育人才，教育者很难解决学生的突发状况。传统的思政教育工作中，常常会有这样的现象：因为一个学生或者一件事情没有很好地解决，教育工作者便忙得焦头烂额。这些现象中，绝大部分是由于信息不能及时送达和反馈造成的。但是，随着手机媒体的发展，信息的传播变得快捷、方便，教育工作者只需要将需要传达的信息群发给学生，便能够让学生及时获取。这在很大程度上提升了思想政治教育的时效性，缓解了教育工作者的压力。

科学技术的不断发展，加速了网络的普及与智能手机的应用，学生作为智能手机用户，常常通过空间、博客、微博等社交平台发表自己的观点，而这正是思想政治教育工作者捕捉学生思想动态的关键。只要发现学生思想状况出现了问题，教育者便可以对症下药，及时为学生做好思想政治工作，预防可能出现的问题。这有利于营造一个思想健康、积极向上的网络平台环境，也让教育者的工作更有针对性。

通过手机媒体传播信息，让每个学生都有机会对信息或者热点新闻发表自己的看法，可以有效地避免千篇一律的信息传播。这个时代需要有个性和创新意识的青年人才，传统的重共性而轻个性的理念不再适应时代的发展，在这样的大环境下，教育工作者在进行思想政治教育时，要做到因材施教，注重学生的个性化发展。

手机作为人们的私人物品，有很强的私密性。教师通过手机与学生交流，帮学生进行心理辅导，相较于传统的模式而言，让学生更易接受。由于学生个性的差异，部分学生不敢或不愿向老师吐露内心的感受。这就导致这些学生的一些心理问题得不到及时解决，教师也无法准确、及时地了解学生的心理状况，更无法有针对性地为学生开展心理辅导工作。但是，通过手机这一媒介，一些较为腼腆、胆小的学生也能够主动和老师交流，倾吐内心真实的想法。这有利于教师及时解决学生思想上的困惑和情感上的问题，帮助其健康成长。

3.通过手机进行思想政治教育易于被学生接受

在媒体融合的大环境下，手机媒体有着无可替代的地位。对于青年学生来说，手机媒体和互联网更是至关重要、不可或缺。其中的原因主要有以下几点：第一，大学生往往有着强烈的好奇心，对信息的渴求会让他们主动进行碎片化阅读，及时接受最新消息，了解热点新闻。手机的个性化的使用方式成为一种很好的放松手段，给了他们条件缓解压力。将思想政治教育融入一些碎片化的信息中，会潜移默化地影响学生，使其心理朝着健康的方向发展。第二，随着社会的进步，学生的独立意识和自主意识较之前都有着极大的增强。他们更重视自身的价值，并且想要实现自身的价值。手机给了他们参与讨论话题的机会，也给了他们表达个性、展示自己能力的机会。手机让他们更便捷、快速地获取信息，这在很大程度上开阔了他们的视野，增长了他们的见识，拓宽了他们获取信息的渠道，改变了他们获取信息的方式，同时，这也让解决问题变得更简单。第三，手机体积小、存储量大，具有很强的隐秘性，这在一定程度上满足了大学生的需求。同时，它方便携带，让人与人之间的交流不再局限于时间和地点，变得更加便捷，同样的，它也改变了传统的面对面的谈话方式，能够让学生比较容易适应和接受。大学就像一个小社会，处在这样的社会中，学生的错误很容易被放大。但是，手机却致力于保护用户隐私，让学生有安全感，所以，通过手机媒体进行思政教育，更易被学生所接受。

总而言之，将思想政治教育融入智能手机媒体中，是大势所趋。教育只有紧跟时代潮流，与时俱进，才能够发挥更好的效果。

二、媒体融合背景下高校思想政治教育理念

教育理念指的是有关教育方法的观念。对于现代教育来说，教育目标是促进人的全面自由发展，更加关注人发展的全面性、完整性。从宏观上来讲，教育理念是面向全体公民的国民性教育观念，注重民族整体的全面发展，促进提高和发展全民族的思想道德素质和科学文化素质。

本书的教育理念主要是指高校的教育理念，即促进当代大学生提高综合素质，培养大学生成为合格的社会主义接班人的教育观念。从教育理念的定义可以看出，教育理念是教育主体对被教育者以及教育过程的思考和总结，是对掌握当下教育现状的理性思考，具有积极意义。在融媒体快速发展的背景下，高校思想政治教育应秉持先进的教育理念，培育大学生社会主义核心价值

观，提高大学生的综合素养。

1. 以人为本的教育理念

高校要秉持以人为本的教育理念，也就是说，高校思想政治教育要以学生为主体，在教育教学过程中树立学生的主体地位，使得学生学会如何独立学习、思考，身处纷繁的网络世界中如何坚持自己的初衷，认清自己。确立学生的主体地位有助于提高学生学习的积极性，促进高校思想政治教育改革与创新。与此同时，高校树立以人为本的教育观念，不仅是时代发展的需求，也是当下教育发展的需求。

人具有自然性和社会性两种属性，社会环境对人的发展具有很大的影响。因此，高校思想政治教育要提高教学效果，首先就要营造良好的教学氛围。比如说，教师以学生为主体，让学生在教学过程中感受到来自教师的关心，有助于提高学生的积极性，也有助于营造良好的学习气氛，促进学生全面发展。因为学生的发展不仅受外部环境的限制，还受自身心理、生理条件的限制，所以说，在思想政治教育过程中，教师要善于调动学生的主动性，营造和谐氛围，从多方面提高学生学习的积极性。

随着手机媒体的快速发展，高校思想政治教育的教学内容、教学方法等得以不断创新，不再拘泥于传统的课堂教学，可以通过手机媒体宣传教学内容，使教学思想、观念无形中充满学生的生活，从而提高学生的思想政治观念。与此同时，手机媒体的发展也为师生交流提供了良好的平台。在手机媒体上，关于教学问题，学生都可以提出自己的疑问。教师也要尊重学生，引导学生的思想，从而达到教学目的，使得学生在教育过程中获得被关注、被尊重的感受。这样可以有效提高学生的学习积极性，坚定学生在教育过程中的主体地位，有效贯彻以人为本的教学理念。

手机媒体的发展，为教师、学生的沟通交流提供了广阔的平台，也丰富了教学方式。在此背景下，坚持以人为本的教学理念，要以学生的客观要求为主，对高校思想政治教育做科学的规划，才能够使得手机媒体在教学中发挥更大的作用。

以人为本的教育理念还体现在民主精神上，即高校教师在运用手机媒体进行思想政治教育的过程中，尊重学生使用手机的习惯。在保持师生关系相对平等的条件下，利用学生使用手机的特点，提高学生对教学内容的兴趣，给予学生一定的话语权，使得学生能够充分地发表自己的看法。随着手机媒体的发展，教师要善于根据时代发展的需求，保持学生的主体地位，在教育教学过程中尊重学生，指引学生，通过师生交流实现相互成长。

以人为本的教学理念同时体现在及时的心理疏导上。随着手机媒体的发展，学生所处的学习、生活环境不再是单纯的、封闭的，而是处于一个复杂的、多样化的环境中，而大学生正处于世界观、人生观、价值观的树立阶段，没有成熟的心理建设，面对网络上各种复杂的信息会因为难以辨别而陷入迷茫。对于教师来说，要充分利用手机媒体的优势，与学生深入交流，关注其成长，了解其思想精神状况，从而为学生提供及时的心理疏导，促进其健康发展，也使得他们在复杂的环境中秉持初心，坚守自我。

2.开放多样化的教育理念

随着融媒体的发展，高校思想政治教育向民主、平等、自由、开放的方向发展。手机媒体不同于传统的教育媒介，传统的教育主要是单向传输，而手机媒体是立体的传播载体，学生可以接收到各种类型的信息，学生的学习需求也被全新的立体式的网络化教育模式所替代。高校思想政治教育要树立开放的教育理念，而科学的开放性不仅表现在教学内容、教学方式上，更是表现在教学理念上。随着智能手机的普及，其作为高校思想政治教育的教学载体也成了必然。在新的时代背景下，高校思想政治教育首先要用马列主义、毛泽东思想、邓小平理论、"三个代表"重要思想、科学发展观、习近平新时代中国特色社会主义思想武装高校大学生的思想，培育社会主义核心价值观。与此同时，手机媒体的发展对于高校思想政治教育来说既是挑战也是机遇，因此高校要利用好手机媒体，树立开放多样化的教育理念，从而促进高校学生健康全面发展。

3. 个性发展的教育理念

根据马克思主义原理，实现个人价值与实现社会价值并不是相互矛盾的，实现个人价值是实现社会价值的基础，社会价值是个人价值的外在表现。个人的发展是实现自由发展的前提，从中可见个性发展的重要性。我国的传统教育注重对学生社会价值的教育，而忽视了个人价值的教育。与传统教育相比，现代教育更加鼓励学生的个性发展、自我发展，提高自身能力等。个性发展有助于促进社会创新，同时个性发展也是社会创新的源泉。高校应树立个性发展的教育理念，在教育的过程中，注重对学生实现个人价值的教育，同样强调个体发展的重要性。

手机媒体的发展与普及，突显了个性发展的重要性，将媒体的受众从群体跨越到个人。在高校思想政治教育过程中，教育工作者要树立个性发展的教育理念，根据学生的个性、兴趣爱好以及其他特点，有针对性地开展思想政治教育，使得思想政治教育符合每位学生的精神需求，在促进学生个性发展的同时，提高学生的综合素质。

促进学生的个性发展，也体现了高校贯彻以人为本的教学宗旨。作为高校思政教育工作者，不仅应关注学生的学习，更应关注学生的需求，关注学生的感受与体验。手机媒体的发展为教育工作提供了便利，教师可以通过手机媒体关注学生的动态，关注学生被尊重的需求，关注其自身价值的实现等情况，还可以使用手机媒体为学生营造积极、愉悦的学习环境，促进学生的个性发展，在实现自身价值的前提下关注他人，实现社会价值。

第三节 微博

融媒体背景下，微博给大学生的文化生活带来了巨大的影响。本节将从微博打破时空壁垒、把握思想动态、促进精神生产力发展、形成思想共鸣等方面，探究微博在高校思想政治教育中的积极作用。

一、微博在高校思政教学中的作用

1.打破时空壁垒，虚拟世界育人

育人是教育的生命和灵魂，是教育的本质要求和价值诉求。一般来讲，育人大多是在课堂上实现的，即教师向学生的单向传授，这也是最传统的方式，也是目前为止最为常见的。还有一种是教师在课下对学生的双向交流。随着自媒体时代和微时代的到来，育人的方式也发生了很大的变化。以微博为代表的新方式高调地走进育人机制，为高校思想政治教育提供了新思路。微博最突出的特点就是虚拟的社交平台。在虚拟世界，人们更容易放下戒备，缩小隔阂，降低心理防线，无抵触地交流。微博具有很强的便捷性，其实时性、现场感可以说是超过很多媒体。这种便捷性，有利于为高校思想政治教育工作所运用。微博具有很强的传播性，微博用户覆盖全中国，且微博不仅仅以文字传播，更以图片、视频、动图等多种多样的形式传播，大家可以轻而易举地通过微博联接各种网络平台，在任何时间地点发布信息。微博的推广也有利于高校思想政治教育工作，学生可以借助微博直接向教育者发出建议，有助于思政教育者改进工作，凸显人文关怀。

2.探究精神世界，把握思想动态

马克思主义认为，物质决定精神，但精神又具有相对独立性，精神可以给物质以反作用，精神对人的行为活动具有指导作用。所以，要想规范人的行为活动，就要探究人的精神世界，进行精神管理。精神管理，简单来说就是在管理的过程中，尊重参与者的主体性，在不违背人性的前提下引导参与者自发地进行管理和调节，逐渐向自觉性靠近。高校思想政治教育工作不应以管理学生的行为活动为目标，更应该重视学生的精神活动。2023年，微博月活跃用户达6.05亿。月活跃用户中，30岁以下的占比77%，从数据中可以看出，微博是年轻人的阵地。微博作为目前国内最大的社交平台，深受众多年轻人的喜爱。在高校中，几乎每一位同学都有微博的个人账号，常常有不少学生在微博上分享个人的生活及个人感悟，这些分享也能从侧面反映出他们的精神世界和精神面貌。如果高校思想政治教育工作者充分利用这些数据，从不同的角度探究学生们的精神世界，把握他们的思想动态，那么将会为高校思想政治教育工作提供不少便利。微博不仅是一个观察的平台，更是一个便于弘扬主旋律和社会主义核心价值观的平台，可以帮助学生树立积极向上的世界观、人生观和价值观的平台。

3. 汇集精神资本，促进精神生产力发展

精神资本与"物质资本"相对，主要指智力的积累与成就。精神资本是人们从事物质资本活动过程中积累而产生的。人们长久地进行物质生产活动，产生了精神劳动，精神劳动的果实不断凝聚，就形成了精神资本。思想政治教育本质是特定的阶级和政治集团，以实现政治目标为目的，对人们施加意识形态的影响。在中国，我们的思想政治教育工作的依据是社会主义、共产主义思想体系，目的是启发人民觉悟，提高认识世界、改造世界的能力，动员人们为了远大理想而持续奋斗。思想政治教育作为汇聚精神资本的重要环节，本身就是精神生产力。

微博是突破空间限制的社交平台，受到大众的喜爱和欢迎，在年轻大学生之间更是有极高的认同度，所以，微博在高校思想政治教育的过程中发挥着必不可少的作用。例如，2013年菲律宾单方面将南海问题提交国际仲裁。10月29日，南海仲裁案仲裁庭就这些问题的管辖权和可受理性做出裁决。中国外交部2015年10月30日做出回应：南海仲裁案仲裁庭就有关问题的裁决是无效的，对中方没有拘束力。"南海仲裁案"这一话题在当天被刷屏，阅读次数达20.7亿，讨论次数达106.5万，原创人数达18.6万。人民日报、新华社、中国新闻网、凤凰新闻等都通过微博对此事表达了态度，凸现了一个概念：媒体融合。媒体融合是信息时代发展下的必然结果，也是一种新理念。在南海仲裁案这一事件中，中国政府一再表达自己的立场："不参与，不承认，不接受。"中国网友纷纷坚定又愤怒地表达了维护祖国领土完整的观点。从原创人数和讨论次数可以看出，微博具有很强的原创性和互动性，任何人都可以在微博下面自由地发表自己的观点，回复其他人的评论，以及与其他网友进行讨论，还可以点赞转发自己喜欢的内容。在南海仲裁案中的众多发声中，学生们更加深入理解了国家的主权、安全和领土完整的重要性，认识到维护国家的主权、安全和领土完整，不仅是联合国宪章等一系列国际文件确认的当代国际关系基本准则，更是每一个国家的核心利益。"我们决不允许任何人、任何组织、任何政党、在任何时候、以任何形式、把任何一块中国领土从中国分裂出去。"但就在这些慷慨陈词中，也难免夹杂一些不实言论，这些言论通过微博迅速传播，对社会秩序和民心稳定造成极大的危害。高校思想政治教育工作者可以以此为契机，对学生进行思想政治教育，引导学生理智发言，培育爱国精神，促进爱国精神由内化转为外化，促进精神生产力发展。

4.保持精神优势，形成思想共鸣

社会学家马克斯·韦伯曾说："任何一项伟大的事业背后，都必须存在着一种无形的巨大的精神力量。"人要有积极向上的精神优势，才能支撑自己迈过困境，战胜困难。一个民族、一个国家更需要挺拔的精神优势，才能更有信心地应对变化莫测的国际社会。正如列宁所说的那样："为了克敌制胜，无论如何要保持精神上的优势。"精神优势，是精神的优势，亦是优势的精神。精神优势是一个民族、一个国家在历经挫折、饱含风霜后沉淀出来的自信与气度，是对自身文化、历史的自豪感与优越感。

微博日活跃用户数量巨大，在微博上，每一个切中社会的新闻都会引发广泛关注。微博是以年轻人为主的社交平台，他们对待一些容易引发共鸣的话题常常表现出极高的关注度。因此，在高校思想政治教育中，应该充分发挥微博的作用，通过微博平台对学生进行社会主义核心价值观的宣讲以及思想政治教育是十分有效的。在2020年国庆节期间，由人民网主持的"我是五星红旗护旗手"活动在微博上引发了广泛关注，阅读量高达10亿，讨论量超过258.8万。在这样的氛围中，微博用户自然而然会产生强烈的爱国共鸣。同时，这一活动也有助于培育和践行社会主义核心价值观，就是教育学生铭记历史，始终秉承爱国主义精神，不忘初心、砥砺前行，不负韶华，创造青春辉煌。

二、微博在高校思想政治教育管理中功能提升的对策研究

微博现在已然成了大学生最喜欢、使用次数最频繁的网络社交平台，同时

也是大学生获取、分享信息，进行情感表达的重要途径。这种新兴社交平台的应用在一定程度上使得媒体时代发生巨大的变革。不可否认的是，微博在一定程度上影响着大学生的思想状态和价值观，对高校思想政治教育的领域起到了拓宽的作用，也使得思政教育环境变得更加复杂多变，这无疑对管理层面来说增加了难度。高校思想政治教育管理在面对微博带来的环境和客体等变化时，要积极利用微博这一平台载体，让微博在高校思想政治教育中起到积极导向作用，确保微博主阵地被社会主流意识形态和正确积极的价值观所占领。高校思想政治教育管理在发展的过程中要尽量去适应新的媒体大环境，并根据社会实情做出相应的调整和改变。

1. 加强管理者自身建设，提高管理运营能力

高校思想政治教育管理者掌握着思想政治教育的过程以及各种资源，占据着高校思想政治教育系统的核心位置。要充分发挥微博在高校思想政治教育管理中的功能，离不开管理者对微博的重视和运用。管理者在加强自身建设时需要投入大量的人力、物力以及时间成本，制定相关措施，有组织、有计划地利用微博整合并分配高校思想政治教育的各类资源，将微博功能与高校思想政治教育管理之间进行有机结合，做到能够随时把控、监督思想政治教育过程，从而达到预期的管理目标。

（1）培养一支专业知识扎实、善于微博经营的管理团队

作为高校思想政治教育的领头人，高校思想政治教育管理者需要更加侧重提升自身的专业能力和综合素质。融媒体背景下，一个微博管理团队是否专业变得非常重要。如何培养认真负责且专业的微博管理团队，可以从以下几个角度进行分析。

第一，微博中充斥着海量、复杂的信息，教育管理者需要提升自身对敏感信息的感知能力和捕捉意识，及时捕捉社会热点的话题，了解当代大学生的思想动态。这样即使发生了一些社会敏感问题和一些突发事件，教育管理者也可以积极地监督和引导大学生的网络舆情，通过感知到的信息，对大学生的思想和行为做出相应的判断和预测，以确保在出现问题时，能够及时有效地进行

疏导。

第二，针对不断发展进步的微博技术，教育管理者需要熟练地掌握分析、处理相应微博信息的能力。在微博媒介中，大学生接触到的信息纷繁复杂，一些大学生对于信息的判断和鉴别能力尚且较弱，容易受到不良信息的影响。面对如此现状，教育管理者不仅需要夯实自身的基础理论知识，还要能够适应时代潮流的发展，从更多的角度去了解、认识微博，巧妙运用微博的正向功能，及时准确地发现在利用微博进行管理中可能出现的风险，采取相关措施进行有效的规避。教育管理者不单纯是要学会使用微博，还要能够提升微博的管理和创新技术，进一步开发利用，以此提升分析、处理微博信息的能力，做到能够提取、存储各类有效信息，通过微博这一平台，将有效信息与高校思想政治教育工作结合起来，增加教育内容的丰富性以及说服力。

第三，教育管理者在利用微博的过程中要注意使用方法，要有一定的策略性。例如在沟通交流方面，需要时刻注意互动时的态度和方式。微博这一交流平台是不存在以谁为中心的，所有人都只是微博的用户。在日常学习生活中，高校思想政治教育工作者在和大学生进行沟通时，要更多地关注大学生的微博动态，倾听大学生实时的想法，了解大学生的思想动态和价值取向的变化，和大学生之间就出现的一些社会热点问题进行自由的研讨，使双方在微博中处于一个平等的位置。发布内容的重点应该是大学生的思想政治教育方面而非校园新闻，在高校思想政治教育内容中可以运用微博适当地穿插一些简短精练的文本、丰富有趣的表情包和极具趣味性的图片，使原本单一、枯燥的微博内容增加趣味性。此举将在极大程度上增加阅读量和转发量，使教育者微博的辐射面和影响力达到一个更高的位置，让更多的人乐于接受高校思想政治教育。除此之外，高校思想政治教育管理者还要注意微博发布的时间，这同样有许多策略性的技巧。大多数的大学生都是利用吃饭和晚上睡觉之前的这些零碎的时间段刷微博了解信息，为了避免发布的内容被微博中其他海量的信息所淹没和覆盖，导致达不到预期效果，高校思想政治教育管理者需要把握好时机，充分、有效地利用这些碎片化的时间发布消息，在突发事件发生时能够先声夺人，抢占大学生舆论的高地，控制舆论的导向。对于周末、寒暑假期、毕业季等这些特殊的时间段，教育管理者也应该给予足够的重视，决不能在这些时候疏于思想政治教育管理。处于假期中的大学生，由于缺少学校环境的约束，其思想行为会变得随意、松散，正是在这种思想意识薄弱的时候，教育管理者应该趁这个时间段适时推送一些微博话题，积极引导大学生的思想和行为。像那些处于毕业季的大学生每日都在面临就业和择业的难题，思想会更加脆弱、敏感，为了舒缓大学生的压力和情绪，高校思想政治教育管理者需要多提供招聘会信息、用人单位信息等，给予大学生一定的实质性帮助。

高校需要对那些从事或者是即将从事高校思想政治教育微博管理的人员进行相关的专业培训，通过培训使其适应形势的变化和微博的发展。高校需要建立一套完善的微博管理工作体系，体系中不仅应包含高校思想政治教育的专业性培训，更应有关于微博的技术培训，通过一套完善的体系，培养有扎实专业知识且善于微博经营的教育管理团队。

（2）构建高校思想政治教育管理的微博话语体系

大学生在微博中的参与度和关注度，是明显高于高校思想政治教育者的。大学生在接收和传递微博信息的同时，也在不断地创造微博话题。高校思想政治教育管理者在微博平台的话语权，随着大学生话语权的不断提高呈微弱的态势。高校思想政治教育管理者面对大学生话语权不断提高的现状，最重要的就是建立自己的微博话语体系。

一方面，高校思想政治教育管理者在构建微博话语体系的同时，要注意增加微博话语的趣味性，并保持其教育意义，通过趣味性强的微博话语增加自己在大学生面前的亲和力。高校思政教育如果要建立自己的微博话语体系，就要确保体系的教育意义和思想理论深度。"以人为本"始终是高校思想政治教育管理的首要原则，微博话语接近大学生正是这一原则的体现。高校思想政治教育管理者在发布微博话语时，不仅要以实现思想政治教育为目标，更要体现出对大学生利益诉求的重视，要让大学生感受到被重视、被关心。

此外，高校思想政治教育工作者在运用微博对学生进行教育管理的过程中，除了要保持客观理性的态度，还要善于运用情感的力量，在微博内容中加入一些富含情感的语句，引发被教育者在思想和情感上的共鸣，通过富有亲和力的微博话语，取得学生对思想政治教育内容的认同和支持。例如将中华传统文化、中国古诗词、歌谣以及神话故事等与高校思想政治教育的内容进行有机结合，可以有效地增加微博的趣味性及亲和力，既弘扬了中华优秀传统文化，又在很大程度上增加高校思想政治教育的辐射力。

另一方面，建立高校思想政治教育微博管理的话语体系，需要加强微博话语对于大学生的吸引力。高校思想政治教育管理者应尽量使用准确精练、言简意赅的微博语言，避免绵长冗杂的空话和废话，将生活中的实际案例和收集的数据信息相结合，通过陈述相关事实，增强内容的真实性。有选择性地提取和整合碎片化信息，确定一个明确的主题，按照内容重要性的先后次序进行分类排序，构建完整的信息框架；根据微博的话题和内容对微博表达形式进行合理的选择，可以采用精练的文字，也可以从视觉和听觉的角度进行创新，使内容尽可能地贴近大学生，引起大学生的关注兴趣，引导大学生参与其中。还可以通过交流互动的手段，了解、掌握大学生的思想动态，并针对大学生提出的疑问和困难进行耐心有效的解答和帮助，积极提高教育管理者微博在大学生群体中的被接受度和信任度。

（3）构建立体化微博格局，促进高校思想政治教育管理之间的协调合作

想要充分发挥微博在高校思想政治教育管理中的功能，单靠一个管理部门的力量是很难实现这一目标的，需要整合所有资源，在此基础上构建一个辐射面广、影响力大的立体化微博格局。

从横向的角度来看，在高校思想政治教育管理部门之间、管理部门微博与官微之间以及管理者个人微博之间需要搭建一个左右联动机制。提升高校思想政治教育管理部门之间的合作意识，使部门之间相互配合、相互促进，这不仅有利于实现微博信息的实时共享，还可以为高校思想政治教育管理积聚更为强大的力量。通过部门之间一起发起话题，相互转载、相互评论，吸引更多的学生参与进来，提高教育的影响力，同时对于自身权威性和说服力的提升有

很大的帮助；各管理部门的微博和官方微博之间，以及管理者个人微博之间不能孤军奋战，要进行有效的联动管理，强化高校思想政治教育的力量，提升教育的效果，各单位之间要协调合作，将教育力量协同放大。

从纵向的角度看，需要在高校思想政治教育管理部门、高校各院系的辅导员以及学生团体等微博之间搭建一个上下联动机制。积极鼓励教育管理部门、高校教师、辅导员、学生社团等开通微博，通过微博这一网络交流平台，以教育管理部门的微博为核心，使各单位、各部门、各集体参与其中，形成一个立体化的微博管理格局。充分发挥高校思想政治教育管理部门作为领头羊的作用，深入地了解并结合各部门、各团体以及个人的风格特点，设计不同特征的微博风格，从而改变学生对以往传统高校思想政治教育管理方式的固有印象，通过不同的微博风格展现其多样化的一面，引导大学生积极地参与到微博管理中来，以便有效地发挥高校思想政治教育在微博中的显性功能和隐性功能。这样一来不仅能够引导大学生的思想和行为朝着正面的方向发展，还能在潜移默化中对大学生的思想价值观念产生积极影响。

2. 加强线上线下引导与监管

在如今的自媒体时代，许多大学生利用微博来获取信息，并进行互动与交流。但是微博的信息繁多纷杂，对于还没有进入社会并缺乏一定判断力的大学生来说，难免会有"乱花渐欲迷人眼"的困惑，需要学校的教育管理者对他们进行引导。高校的教育管理者需要对学生在微博上的动态和一些相关话题进行监管，并从中判断出大学生的思想观念和价值取向，适时对学生进行思想的引导和情绪的疏解。

3. 运用大数据对大学生的微博进行分析

大数据指的是需要新处理模式才能具有更强的决策力、洞察力和流程优化能力的海量、高增长率和多样化的信息资产。如今，中国已经步入大数据时代。大数据给我们生活的很多方面都带来了便利，也让数据对于我们来说越来越重要。我们生活的周围有许多事物都能够通过数据表现出来，比如说微博，这是一种包含了大数据的平台，它所包含的资讯和内容是极其丰富的。高校思想政治教育应该要顺应这样的时代潮流，不断地更新教育方式，利用大数据对大学生的微博进行数据分析，透过这些数据分析来判断大学生的生活观念以及学习观念。不仅如此，还能通过数据来探究大学生的一些行为规律，并且，通过这些规律来挖掘本质，找到中间存在的差距以探索解决问题的办法。高校的教育管理者通过观察大学生的微博数据，能够对大学生所感兴趣的话题和信息进行了解，也能够对数据所反映出来的问题有基本的认识。大学生所表现出来的思想和价值取向成为高校思想政治教育的素材和指标，教育管理者可以通过反映出来的问题进行追踪，并采取相应的措施应对。对于大学生可能的行为趋势，通过数据预测，就能够对其可能产生的一些消极行为，及时进行干预或制止。

大学生是学生群体的集合总称，而每一个大学生都有各自的特点和思想价值观念。通过数据集合与分析，有助于教育管理者了解每一个大学生的特点，并采取不同的方式进行针对性教育，促进其个性发展。

4.思想政治教育管理线上线下相结合

大学生在微博的表达中，可能与现实的想法不一样，线上的表达具有虚拟性和隐藏性。因此，高校思想政治教育管理需要注重线上与线下的结合，避免线上的数据分析与线下的结果不一致。线上通过传递正确的价值观念对学生的价值判断进行引导，而线下可以通过举行一些活动，例如邀请师生参与到微博的管理和评价当中，体会管理当中的各种问题，并对这些问题进行研究，整理出相应的方法。高校思想政治教育管理通过线上和线下进行结合，能够促进大学生在思想和行动上养成良好的价值观念，培养良好的道德情操，将社会主义核心价值观内化于心、外化于行。

5.打造知名微博，提高影响力

思想政治教育管理者应该作为思想政治教育内容的传递者和引导者而存在。

在思想政治教育管理工作中，高校管理部门是整个思想政治教育的领导核心，所以，高校思想政治管理部门应该打造自己的知名微博，提高影响力，强化自己的话语权，帮助学生树立正确思想观念，正确引导舆论，保持良好的态度，学会使用微博语言，将思想政治教育内容利用微博进行传播。

一个知名的微博，或者说一个有吸引力的微博，一定是在形式和内容上有异于其他微博的地方，让人乐见乐享。高校思想政治教育管理者如果要打造有特色的知名微博，就需要从形式和内容上创新，拥有自己的特色。首先从形式上，高校思想政治教育工作者面对的是大学生，因此，需要针对大学生来打造充满青春气息的微博风格和封面设计，以迎合大学生的特征和喜好，在传递正确的思想政治教育观念的同时，也向学生传递美的享受。高校思想政治教育管理部门可以将开设的微博与本专业相结合，尽量使微博的头像、背景或者是版面能够吸引大学生的注意力，给学生留下深刻印象。高校思想政治教育部门的微博在传递思想政治教育内容的同时，还可以运用一些设计技术，将形式制作得更为美观，更加具有艺术效果，让学生觉得更有趣。只有内容上更丰富、更有价值，才能让微博保持长久的生命力，吸引更多的粉丝。高校思想政治教育管理部门的微博需要具有校园特色，能够让学生理解，贴近学生的实际生活。

在微博中，粉丝越多、流量越大的人，他的意见在微博中越具有举足轻重的作用，很容易影响到大多数人的观点。因此，高校思想政治教育管理应该利用微博这样的特征，来助力培养思想政治教育方面的人才，加强微博话语权，形成一定的地位和影响力，这样对大学生来说更有信服力和追随感。不仅如此，高校思想政治教育管理微博也可以与学生喜爱的微博博主或者是影响力较大的微博进行合作，这样能使得微博传递出来的信息和内容更加具有吸引力，也能够提高微博内容的影响力，两者相互结合，正确引导舆论。

6. 利用微博的知名度进行话题管理

微博上的热门话题层出不穷，不仅包括热点时事新闻，也包括教育以及民生等内容，还包含娱乐八卦等，如何将思想政治教育与这些热门的话题联系起来，提高自己的微博知名度和话语权，这些值得我们思考与探究。

首先，高校思想政治教育管理者应该时刻关注微博的热点话题，掌握热点话题的动向，更要留意大学生感兴趣的话题，并适时地进行调查和研究，以了解学生的需求。利用大学生感兴趣的热点话题，传播思想政治教育内容，会让其更容易深入大学生的内心，能更容易进行推广。通过关注这些热点话题，也有利于大学生接受思政教育，并深入理解。

高校思想政治教育管理微博不仅需要与知名微博相结合，还需要打造自己的专属话题，对于热点事实能够发表自己的见解，这有利于引导大学生积极主动关注时事，能够帮助他们树立正确的价值观，培养他们正确的思维方式。教育者和管理者只有积极参与到微博的管理当中，话题才会不断地升级，不断地拥有热度，才能引发更多学生的关注，而教育者和管理者与大学生的思想交流，能够帮助其不断进行思考，能够促进其成长和发展。

高校思想政治教育管理者在微博上引发的话题倘若能拥有一定的知名度，甚至成了微博的热门，那么它就可能带来积极影响。但是，倘若话题的内容没有得到很好地控制，甚至外溢失控，就可能会给社会带来负面影响。因此，高校思想政治教育管理者在发布内容话题时，应该计划周全并对内容进行调查，防止过于敏感而带来负面影响，其首先要实事求是，适合大学生的特点，对于社会现状有独到的见解，符合社会主义核心价值观，这样才能占领舆论阵地，起到话语影响作用。

第四节　微信

作为社交主流载体的微信，一直是学生们最喜欢、最常用的交流工具。很多高校在对学生进行思想政治教育时，也会使用微信平台，最典型的例子就是有着广泛影响的"青年大学习"。作为微信的主要使用群体，大学生自身具有丰富的创新能力。如果让大学生参与微信应用平台管理，可以发挥出巨大的作用，可以让微信应用平台在使用中不断推出新的、符合社会要求的功能，可以不断加强微信应用平台的自我管理和创新。

大学生在参与到微信应用平台管理中时，由于对平台内容的安排有着清楚的了解，可以将学校活动、学生考试安排、放假时间等实时发布在微信公众平台中，广大学生在平台中就能够找到自己需要的所有关于学校的内容。另外，校园微信应用平台是一个面向校园、面向学生的平台，如果能够合理利用，就可以充分带动校园文化氛围建设，增强学生的学习动力。例如，在微信公众平台中加入学校的名师课程、优秀学生事迹、社团活动、校园荣誉等内容，能够让学生对于学校有着更直观的认识，让学生以学校为荣，以其他优秀学生为标杆，不断加强自身综合素质，强化自身的同时也能增强校园文化氛围。

一、微信是思想政治教育的新载体

首先，微信是人们生活中常见的 APP，是人们进行信息交流、联络感情的重要平台。微信具有较强的时效性，无论是新闻更新，还是动态变化，都能做到与时俱进，有助于使用者做出正确的选择。微信拥有海量的信息，人们可以在其中筛选出自己在意或关注的话题，同时微信也具有信息传播速度快的特点，这些特点给使用者带来了多姿多彩的精神世界。使用者可以在朋友圈分享时事热点、日常生活等，这样列表中的人就可以看到并且参与你的生活，他们同时可以转发评论，从而进一步扩大影响力。例如，在 12 月 13 日的国家公祭日，人们自觉换掉色彩鲜艳的头像，并在朋友圈中发表文章祭奠遇难同胞等。这有利于培育社会主义核心价值观，弘扬爱国主义精神。

其次，为了顺应时代的发展，更多地满足人们的需求，微信研发了多种功能。例如，位置共享，使用者可以随时随地确定对方位置。如微信钱包，人们可以用它来支付生活中的花费，便捷方便，不需要随身携带现金。

再次，微信的信息覆盖面非常广。微信的使用者数量巨大，分享到微信平台的信息庞杂，所以我们在微信上看到的不仅仅是个人的生活见闻，也可以看到国际新闻、社会热点等，如特朗普、拜登的总统之争。微信使人们的眼光不再紧紧盯着眼前，更多地去关注国内、国际新闻，让人们紧跟社会的脚步，了解世界，从而开阔视野，提升格局。

最后，微信作为一个具有很强互动性的 APP，使得人与人之间逐渐形成相互交流的环境氛围，如中国首次完成火星探测任务，5G 网络覆盖所有地级市等新闻，就在朋友圈得到广泛转发，让越来越多的人知道和了解这些热点话题。还有抗美援朝战争胜利70周年等，这些新闻的转发在一定程度上可以传递正能量，增强自豪感和爱国情怀。

二、充分运用微信，提高思想政治教育

大学生往往更容易接受新兴事物，并且富有创造性，因此，大学生能够快速适应时代的发展，在生活中、学习上较早使用便捷的新技术。

现代的教学方法随着现代科技的发展，也发生了翻天覆地的变化，例如老师可以通过微信视频授课，通过平台确定学生学习进度等，学生可以随时随地地学习。这种线上线下相结合的教育方式，很受师生的喜爱，接受度颇高，因为这种方式增强了师生之间的互动，让学生更容易理解知识难点，也能让老师准确地把握学生的掌握程度。微信同样可以用来进行大学生思想政治教育，成为有效的载体。恰当使用微信的载体功能，还需要从多角度考虑，多方面观察，以提高思政教育效果。

1.规范微信内容，增强思想引导

在信息传播的过程中，最为重要的就是内容。高校思政教育使用微信传播必须坚定不移地弘扬正能量，坚持社会主义核心价值观，不断增强学生的文化自信和文化自觉，推动转发能够表达中华民族伟大复兴的中国梦的言论，为大学生的思想政治指引提供一个清明的教育氛围。加强和约束微信平台内容管理，可以竖立新闻的权威性以及影响力。

2.加强对微信公众平台的约束

为了在微信公众平台上更好地引导大学生提高思想政治觉悟，高校思政教育者需要熟悉微信平台的使用，并且要加强宣传和管理。例如，在微信平台上建立本校的微信公众号，平台上可以宣传社会主义核心价值观，发表校园照片、高校介绍、组织活动、上传文章等，有利于提高高校的影响力，引导学生思想。

一方面，高校微信平台已被广泛使用，但是其主要作用还处在信息联系和发布公告的层次上，并没有充分利用其宣传教育功能。教育工作者应该随时为大学生指引方向，正确引导舆论走向，帮助大学生树立正确的世界观、人生观、价值观。微信教育管理人员应具备专业知识，发表贴合大学生生活的文章，在各大事件的发展过程中，做到及时回帖，及时关注大学生思想动态，遏制不良思想的传播，从而规范大学生思想意识。在评论互动中，给大学生灌输社会主义核心价值观，传播正能量，加强思想政治文化建设。

另一方面，微信平台的思想政治教育可以增加师生之间的互动，从而调动学生的积极性，让同学们积极地参与，主动地接受思政教育。因此，教师应该熟练使用多媒体设备，采取正确的教育方法，善于发现学生的兴趣，发掘他们的潜力。与此同时，还需要培养学生辨别是非的能力。微信上有海量的内容，也经常会掺杂一些低俗信息或不良信息，良莠不齐，这时候就需要大学生具备良好的鉴别能力，对待低俗不良的信息，要具有自我免疫，做到不信谣、不传谣，在潜移默化中发挥微信的正向引导作用。例如，可以创建一个类似学生论坛的专业平台，在平台上学生可以尽情表达自己的观点，如在学习上遇到的问题、生活上遇到的困难，还有一些合理诉求意见等，老师看到后可以更加有针对性地帮助同学们处理问题，提高工作效率。也可以开展一些高校学生更喜欢更容易接受的组织活动，将线上线下有机结合，前期宣传可以通过微信公众号来推广，活动结束后的投票环节也充分运用微信平台。这样有利于节省大量的人力物力，并提高宣传效率，增加学生的参与度。

3.塑造清明的微信思政教育环境

思政教育工作者在微信上对大学生进行思想教育时，要遵循科学发展观，坚持中国特色社会主义理论体系，要寻找榜样人物，给大学生树立先进典型，引导大学生学习其精神风貌，积极引导舆论方向。与此同时，思政教育工作者要注意倾听同学的意见，要用大学生易于接受的语言、行为、活动进行思政教育，这样有利于更多的大学生参与，积极传播正能量。此外，还需要严格把控负面消息，面对负面消息要从根源上遏制，阻止其进一步扩散，及时跟帖，指出负面消息的不合理性，进行思想上的纠正和指导。同时，思政教育工作者要防止微信应用过程中心灵鸡汤的泛滥，因为无论是生活中还是学习上本身就包含酸甜苦辣五味杂陈,而千篇一律的温馨鸡汤显然在消解着思维的能量,在潜移默化中吞噬大学生的理性头脑,以及对事物的评判能力,不利于思想政治教育活动的开展。

4.坚持微信内容推陈出新

微信平台推送的新闻信息要具有时效性,内容及时更新。只有不断更新好的内容,才会吸引大量的使用者,增加其影响力。高质量的微信内容适合进行大学生思想政治教育,并能够充分发挥微信平台的作用。例如2020年3月12日,是孙中山先生逝世95周年,在这样一个纪念性的日子里,号召学生组织举办一些学习讲座、演讲、故居游览等活动,让大学生深切怀念这位民主革命的伟大先驱,学习孙中山先生的爱国思想、革命意志和进取精神。也可以结合当下的时局谈谈爱国主义,当代大学生如何表现自己的爱国主义。对于这些活动的招募和开展,组织者可以通过微信平台发布信息,鼓励广大学生积极参与,并及时更新组织进度、活动状态等。

总之,我们要在社会主义核心价值观的引领下,积极主动地把微信平台打造成一个寓教于乐、健康正能量的精神家园。

5.提高学生的微信使用能力

微信是一个综合能力很强的软件,除了聊天、朋友圈之外,还有各种各样的功能,所以,大学生不能只注重聊天功能,还需要对微信的其他功能进行合理利用,在学习中不断加强自身实力。例如,大学生可以建立微信班级群,方便班级同学之间的交流沟通,让同学能够及时获取所需要的信息。再例如,在新冠疫情期间,全国各地众志成城,齐心协力支援武汉,相关内容在校园微信公众平台及时转发,以实际事例宣传社会主义制度优越性。微信是否能够发挥出真正的价值,弘扬正能量,促进社会发展,取决于微信的使用者。大学生作为微信使用最为广泛的群体,应该不断加强自身素养,提高微信使用能力,担负起传播社会主义核心价值观的使命,营造充满正能量的校园文化氛围。

6.大学生应该合理使用微信,提高法律意识

网络并非法外之地,言论自由要遵守法律。大学生在使用微信时应该遵

纪守法，不得在微信平台上乱发信息、诋毁他人、危害国家安全、损坏国家形象。对于一些不良信息要及时举报，不可以随波逐流。

大学生要用社会主义核心价值观武装头脑，在微信平台上注意自己的言行举止，对于有积极能量的信息进行转发宣传，对于一些落后、腐朽思想的信息，要坚决抵制，防止不良信息扩散，危害社会稳定。总之，大学生要合理使用微信，不断提高自身素养。

第五节　自媒体

自媒体，是一种由个人或者企业创建的私人化、普遍化、自主化地使用先进的电子技术和其他手段，向一些特定人群进行信息传递的新媒体的总称。我们所熟知的微信、微博、QQ、贴吧等网络社区，都属于自媒体。随着自媒体的快速发展，很多人都可以将自己的所见所闻通过自媒体进行发布，并与他人进行交互，从而实现信息共享。也正是因为如此，促进自媒体建设已经成为时代趋势，我们要丰富自媒体的传播方式，加强教育环境建设。

一、加强自媒体时代高校思政队伍建设

在自媒体时代，每个人都可以根据自身喜好传播信息。正因如此，规范自媒体的传播信息是必要的，要让自媒体传播的信息始终不能越过法律和道德的底线，这就要求加强对自媒体的引导。而在高校要强化对自媒体的引导，则首先必须要建设高素质思想政治教育队伍。高校思想政治教育队伍包含三个组成部分：党政干部、思想政治教育教师、辅导员。自媒体时代背景下，一支高素质的高校思政教育队伍必然要具有极高的媒体素养，能够对学生在媒体方面进行言传身教。其次，高校还需要根据自身条件，设置思想政治教育媒体素养培训机构，不断加强自媒体队伍建设。再次，要吸收校内外优秀的新媒体思想政治教育工作者，旨在能够通过不断培训，培养出一支支高素质新媒体传播队伍，加强高校思想政治教育的综合实力。

二、营造良好的自媒体教育环境，发挥自媒体互动育人的效果

高校自媒体要担负起立德树人的思政教育使命，能够在不断发布积极信息的同时，让学生受到先进思想和知识的熏陶，从而达到思想政治教育的目的，进而对校园、对社会形成一定程度的正面影响。培养学生热爱祖国、积极向上、举止得体的积极心态和良好的行为习惯，也正是自媒体公众平台在思想政治教育中起到的双主体功能，这种功能中，人们既是教育的主体，也是受教育的主体，高校要充分发挥自媒体平台的优势，不断丰富思想政治教育在自媒体平台中的内容，但是要注意对信息内容的筛选甄别，防止不良信息出现，同时还应适时发布一些有趣的社会知识，引起大学生的兴趣，营造良好的校园氛围，加强自媒体教育与学校教育之间的互动，促进学生全面成长。

三、丰富自媒体传播方式，提高传播效果

自媒体的发展已经成为当今时代媒体发展的主流，人们在日常的生活、学习、工作中已经离不开自媒体。人们可以通过自媒体随时随地地发布信息，同时接收他人的信息。

信息的多样化从某种程度来说就代表着知识的丰富化，学生可以从各种信息中摄取到所需的知识，加强对社会的了解，提高校园的文化氛围，进而加强高校实力。高校自媒体传播效果的提高对于整个高校的发展有着重要的影响，高校也应该在运用自媒体传播信息时，加强与其他各类自媒体之间的联系，及时吸收其他自媒体中体现社会主义核心价值观的内容，将其分享到高校自媒体中，这样就可以将正能量及时传播，从而提高自媒体影响效果，丰富高校自媒体思政教育内容。

四、完善高校自媒体监管体系

高校自媒体监管体系的完善，需要一并发挥法律、法规、道德的监督反馈以及预警功能。如在公安部门加大对虚拟网络的监管力度、及时制止有犯罪倾向的行为、对犯罪者给予制裁的同时，学校自身也应不断加强对高校学生的思想政治教育工作。另外，学生自身、家长和社会也起到不可或缺的作用。

1.运用法律保障微信自媒体监管

自媒体的兴起,在给广大商户带来了巨大的商业流量价值的同时,也隐藏着各种自媒体乱象的风险,如蓄意霸占、传播低俗信息、实行恶意欺诈等。部分自媒体为博人眼球,甚至挑战法律底线,采取不正当手段以吸引眼球。在当今法治社会中,互联网自媒体平台绝非法外之地,它们同样需要法律法规的监管和约束,同时,相应的监管也需要跟上时代和科技的发展步伐。在促进自媒体平台的全面规范化过程中,应合理利用当下的科学技术手段,如充分利用动态监测,并严厉打击自媒体的违法行为。建立健全规范的体系监管、制约自媒体网络平台,以促进资源共享,促进自媒体平台良性发展。与此同时,提高运营商的社会责任感也尤为重要,这能使网络空间安全和网络生活的稳定得到最大限度的维护。为达到这一目标,可以尝试通过实名认证等保障手段实施,也可以依靠公安机关依据法律法规,利用当前的科学技术加强对虚拟网络的监管力度等。

2.加强网络道德文化建设以监管自媒体

自媒体的监管问题,仅仅靠制定国家强制力保障实施的法律来解决是远远不够的。虽然法律法规的制定在一定程度上提高了网络安全的保障程度,但虚拟网络道德的监管约束力量也不容忽视。以弘扬社会主义核心价值观来引导网络道德文化建设,倡导自媒体平台以及网民注重自身网络道德文明修养,营造文明交友、健康向上的自媒体平台环境刻不容缓。当网民的网络道德文明达到一定的程度,在自媒体上发布并传播违背道德的言论时,发布者会受到网民舆论的谴责,从而达到监督约束自媒体遵守社会主义道德的作用。在此基础上,自媒体内部也要加强监管体系的健全工作,充分发挥其主观能动性,才能更好地完善监管体系。

3.实施多主体多方式共同监督

在思政教育过程中,教育者应引导学生正确认识并合理使用自媒体。当教师发现学生存在沉迷自媒体或有自媒体不适当行为倾向时,必须及时制止并给予正确的引导教育。学校也应定期组织高校学生开展自媒体诈骗和欺骗的案例教育活动，提高学生在使用自媒体平台时的自我保护意识。同时，引导学生认识社会发展规律、人生责任和社会责任，不过度沉迷网络，也是思政教育工作者的重要任务。除此之外，高校应重视大学生的心理健康教育，设立相关课程、心理咨询室等，有利于教会学生在使用自媒体时取其精华，去其糟粕，从而推动大学生对自媒体的合理利用，使得高校学生不过度依赖自媒体，健康成长。

再者，积极引进高质量的思政教育工作者，不断提高高校思政教育工作者的素质水平也是学校的要务之一。高校教育者应加强自身的专业能力，不断学习并努力熟练使用自媒体的各种技术，积极地从多方面探索思想政治教育课程课堂形式，让课堂变得生动有趣，激发学生的学习兴趣，让学生从沉迷自媒体中走出来，参与课堂，更好地发挥教育者言传身教的作用。同时，应根据实际情况对学生因材施教，积极调整学生的状态。

丰富的社会实践活动和充实的课余生活也是让学生从自媒体中解放出来的重要方法。学校可定期开展多种多样的社团活动，分散学生在自媒体上的注意力，从而防止学生过度迷恋自媒体。

最后，家庭和社会是自媒体监督体系的重要环节。家庭是学生的主要成长环境，家长的言行举止对学生的影响巨大，因此，在日常生活中，家长应为孩子树立榜样，及时发现孩子在使用自媒体过程中的不良行为并予以纠正。社会媒介在互联网时代有着不可小觑的作用，社会媒介作为社会传播体系中极为重要的一环，应积极传播正能量，倡导由社会主义核心价值观引领的新风尚。

第六节 大数据

大数据技术主要就是使用程序和云计算技术来对海量数据信息进行分析。海量数据包括结构化数据和非结构化数据。结构化数据主要是数字信息和符号信息。非结构化数据主要是文本、图像、网址、声音等。大数据技术对这些信息进行分析，最后针对不同事物的走势预测出未来的可能结果。大数据技术的出现，使得以往的科学研究方法发生改变。它独特的预测功能，受到了学术界的密切关注。传统的抽样调查方法是统计学中最基础的研究方法，研究对象是被调查者，研究内容是抽样调查信息。大数据技术超越了传统的抽样调查方法，能够对相关的海量信息进行检测和追踪，找出数据中蕴含的规律，进而找出该事物的本质内涵，最后对其进行精确的预测并规划可用的方案来解决相关的问题。

大数据分析的核心内容是数据挖掘算法。该算法中包含了多种数据挖掘的分析方法，可以对不同的数据信息使用特定的方法，从而精准地找出有价值的信息。虽然传统的数据挖掘算法也可以达到上述目的，但是花费的时间长，自然也就失去了挖掘的意义。因此，在海量数据信息化的时代，需要对不同的数据信息使用不同的数据挖掘分析工具，才能从中更快更有效地获得想要的结果。

可视化分析是大数据技术的基础。它可以将要分析的各种数据信息以最直观的方式呈现出来，使得在数据分析中更简洁明了地看出数据包含的规律。这种分析方法不限于数据分析专家使用，普通用户也可以使用该技术进行数据分析，更便于读者所阅读。

大数据技术可以运用到社会的各个领域中，对社会的推进与发展具有重要的意义。在企业市场领域，可以运用大数据技术来分析零售商和市场运营的动态，做到实时观察，在为客户提供个性化服务的同时，还为企业的营运策划提供了技术参考。在医疗领域，可以使用大数据技术针对患者的不同病情为他们提供不同的诊断和适用药物，从一定程度上提高了患者的治愈率。在公共事业领域，运用大数据技术不仅可以加快社会的发展进步，而且有助于维护社会的和谐稳定。在商业活动中，使用大数据技术可以海量搜索信息，快速准确地判断出用户的需要，并针对特定需要来满足良好的客户体验。

在高校思想政治教育中，使用大数据分析技术可以对思政教育信息进行分析、处理和预测，对社会主义核心价值观教育有着重大的意义。大数据分析的主要内容是教师和学生的日常行为轨迹，使用数据挖掘工具在海量的行为数据中进行分析处理，从中找到有价值的信息，有利于推进立德树人的实施，升华思想政治教育的意义。大数据技术的使用不仅可以从表现形式上掌握学生动态，而且可以深入内心引导学生做一个思想健康、乐观的独立个体。

一、大数据给高校思想政治教育带来的发展机遇

高校师生大数据分析，可以促进高校社会主义核心价值观教育模式的多样化，提高隐性的思政教育，提升思政教育的针对性，对学生的问题有的放矢，也有利于更加科学地评估高校思想政治教育的教学效果。

1.促进高校思想政治教学模式的多样化

在大数据技术还未出现的时候，教育者只能通过书本向受教育者传授知识，而且知识来源有限，传播空间只局限于面对面的教学，大部分都是单向传导，师生互动较少，很容易让学生产生乏味感，失去接受知识的兴趣，从而大大降低思想政治教育的效果。随着信息科学技术的不断推进，教育信息化的时代随之而来。大数据分析处理技术不仅能够提供互联网移动平台开展线上线下教学，还能挖掘学生的日常学习数据，做到线上线下相融合的教学方式，为高校的思想政治教育带来发展机遇。从理论意义来看，大数据分析丰富了教育载体，改善了教育环境，促进了教育形式多样化，从实际意义来看，推动了高校思想政治教育快速有效发展。

随着科学技术的不断发展，教育资源的来源渠道不断增多，这就需要大数据平台来满足不同学生的个性化教学需求。但这也是存在风险的，如果不能满足学生特色要求，那么思政课堂的效果就会大打折扣。以前，计算机只能处理有限的数据，不具备处理图片、声音、视频等非结构化数据的功能，如今的大数据技术填补了这项缺陷，它具有强大的分析处理和预测功能，在更好地处理错综复杂的数据信息之外，还能对客观事物做出准确的预测。大数据的出现可能会使一些人们感到困惑，不能认清数据之间的关系。这里就不得不提到一种关键能力，即利用大数据将有用的信息从海量数据信息中提取出来，并发现信息中蕴含某种规律的能力。

传统的采集数据方法是抽样采集法。这种方法采集到的数据范围小，对数据的分析结果较片面，不准确。大数据技术出现后，实现了样本范围与总体数据的多样性，它可以处理海量的数据信息，记录和判断相关的事物。比如随处可见的摄像头，时时刻刻都在记录着每天发生的人和事，在有特殊事件发生的情况下，就可以运用大数据技术来寻找到我们所需要的特定信息或者画面，进而快速准确地判断出主体的行为。

现在的世界，各个角落都被网络所覆盖。千里之外发生的事情，我们都可以第一时间在手机或者平板等电子设备上查看。打个比方，大学生可以使用微博平台，对他们所感兴趣的事物进行关注、点赞和评论。"热搜"是我们众所周知的东西，广受关注的娱乐新闻和社会事件一旦发生，就会有成千上万的人们关注和点评，进而引发热议。但是，网络上海量的视频、文字，对于某种政治事件或者社会案例的概述，或多或少地存在认知的偏差。在思想尚不成熟的大学生眼中，他们会对这些负面的现象失去正确的认知，更有甚者，会将其当成炫耀的资本，这都是不可取的。因此，为了让大学生思想健康和认知正确，就需要高校思想政治教育工作者从多个角度进行引导，端正其价值观，培育其做一个有认知、有思想的年轻人。

怎样去与学生们沟通，甚至是矫正呢？由于现在人人都有微信、QQ等聊天软件，大学生们对于网页的浏览信息，就算只是点一下，也会留下查看记录。然后，这些海量的查看记录就是所要调查研究分析的对象，从中可以运用大数据技术对海量信息进行分析处理，进而可以挖掘到学生们对什么内容最感兴趣，对什么密切关注等。高校思想政治教育工作者可以使用大数据平台，利用大数据的挖掘功能得知学生们密切关注的社会事件，再对其中关注度最高的社会事件的有关知识点进行针对性的梳理。这样不仅可以提高学生们学习思政课程的兴趣，而且可以增加师生之间的互动交流，打破了以往单向教授知识的学习方式，给课堂增添活跃气氛。最重要的就是引导和帮助学生们树立正确的思想政治观念，用社会主义核心价值观武装其头脑，为其以后为人处事提供根本遵循。

在指导学生们具体学习方面，教育工作者可以根据海量学习数据，使用预测功能，预测学生们的学习成绩是升还是降，时刻观察每个学生的学习成绩变化，以可视化的方式展现，这样就可以第一时间对学生进行辅导。由于每个学生的智力、认知各不相同，他们的学习能力也不尽相同，这就需要对不同程度学习水平和不同学习兴趣的学生进行分组教学，满足个性化教学的需求，为他们提供不同的学习计划、学习资料，参加不同的学习活动。

对于高等学校来说，为学生们提供一系列教学资源的同时，应与时俱进，创建自己的思想政治教育线上平台，采取远程教学的线上教育方式，比如腾讯会议、钉钉软件等视频授课方式，不但可以利用大数据技术挖掘出学生们对某个知识点的困惑，还能定期推送相关的知识内容，如此更有利于学生消化课堂上所学的知识点。教师们在这一过程中所扮演的是最重要的角色，也就是这个过程的主体。线上教学可以采取大班定期、小班不定期的教学方式。在线上教学结束后，可以在相关的学习平台上给学生们布置课后作业。在学生们完成任务后，可以采用大数据挖掘功能，比如聚类，就可以得知学生们掌握知识点的概况，进而对不同的学生有针对性地开设线上课程，从根本上满足学生学习的需求。

随着线上教学的兴起，各个高等院校都创建了自己的线上教育平台，定期给学生推送高品质、高价值的课程。就目前来看，我国的教育发展水平还有待继续提高、教育资源发展还不均衡，大数据平台有效解决了不平衡问题，只需要手机用户密切关注校园的教学平台，就可以轻松获得适合自己的教学视频。大数据平台不仅可以个性化地进行推送，还能激发学习兴趣，实现资源共享。

2.推动隐性思想政治教育，让教育效果达到预期

大数据分析使得高校获得信息的数量和质量都得到了大幅度提升，不仅在直观上促进高校思想政治教育，还推进了高校隐性思想政治教育的进行。

所谓的高校隐性思想政治教育，就是指高校的思想政治教育者在通过非正式的教育载体，并利用大学生本身所存在的需求和思想感情，让其在无意识

的情况下接受思想政治教育，并提升思想道德修养和素质的教育。

要做到隐性思想政治教育有很多难点，比如教师所要借助的非正式教育载体，如隐性课程、活动形式、管理制度等。此外，还要求教师有目的地使用一些特殊的方法，比如暗示法、陶冶法等，让学生在潜意识里接受思想政治教育。这些问题在以往很难解决，但是随着科技的不断发展，大数据被引进到教育行业，融入我们日常的学习和生活中，使这些问题的解决成为可能。

传统的教学模式，在高校思想政治教育方面曾起到一定的积极作用。但在自媒体时代，这样灌输式的单一方式已经无法完全调动学生的学习积极性。由CNNIC（中国互联网信息中心）所发布的第46次《中国互联网络发展状况统计报告》的数据显示，截至2020年6月份，我国的网民规模达9.4亿，手机用户也达到了9.32亿，互联网的普及率高达67.0%。从网民的年龄结构上分析，我们可以发现拥有中学学历的人占比最高，并且有23.7%的网民都是学生，其中使用在线教育的学生有3.8亿人。从这里已经可以看出当下网络对于教育行业的影响。互联网的在线教学已经成为学生学习的重要方式之一，而越来越成熟的互联网技术也让在线教育流行起来。互联网带来的海量信息资源，提供给高校教师大量的教学资料，这些都可以促进教师对学生进行思想政治隐性教育。

隐性教育的优势在于其可以在潜移默化中改变受教育者的思想，使得预期思想政治教育自然而然地转化为受教育者本身的思想，而不会受到人们思想中存在的免疫效应的影响，因此使用隐性思想政治教育会实现更持久更有效的教育效果。高校是科技的前沿，也是使用网络工具用户最密集的区域，同样也是对网络信息技术运用最为充分的主阵地。通过网络社交媒体平台，让手机电脑等设备成为连接教师和学生的媒介，让教师和学生之间的交流不局限于课堂，而是融入学生的日常生活中。高校不必拘泥于利用当下现有的社交平台，也可以自主开发建设属于自身的专属思想政治教育平台，运用本校的信息处理终端服务器来对学生及教师的数据进行分析，这样就可以加强高校的信息私密性。

高校合理和充分地利用大数据技术来科学分析学生对于思想政治教育的

关注度和学习进程，可以及时发现学生中存在的学习问题和思想问题，同时也可以对相关问题进行合理的教学补充，让高校思想政治教育更加完善，并且还可以分析出最适合学生的教学方式和教学内容。

思想政治教育者在大数据分析的帮助下，可以轻松获取学生在学习过程中存在的诸多问题和疑惑，并在线上进行高效及时的解答，还可以很便捷地在线上推送学生感兴趣的思想政治教育内容。由于互联网高速的信息传播速度，让学生随时随地都可以接触到思想政治教育的发展动态和相关资料信息，通过教师的科学引导，就可以让学生在不知不觉间获取和接受思想政治教育知识，从而达到高效隐性思想政治教育目的。

总之，隐性思想政治教育模式可以让学生在良好的教学氛围中潜移默化地得到思想上的成长和教育，最终达到立德树人的高校思想政治教育目标。

3. 提升高校思想政治教育的针对性

大数据可以收集、分析、处理学生在学校学习和生活的行为数据，从而运用于高校思想政治教育。通过大数据技术的帮助，教师可以更加准确和全面地掌握学生的真实情况，了解到学生的思想状态，并从学生在线学习的各项数据分析得出学生在学习中存在的问题。比如通过学生查看视频的次数和时长以及对答案的查看情况，教师可以从中得出学生在学习中存在的问题和不足，看到学生学习的进程，再根据具体情况给予学生合适的学习资料，从而实现高校思想政治教育有的放矢。同时，提高思想政治教育的针对性，可以让学生在网络学习中不会产生不可逆转的教学偏差，让学生的学习发展处于可以控制的范围。

传统获取大学生学习和生活各方面信息的方式比较单一。高校得到学生的学习情况来源，在于咨询辅导员或者授课老师，甚至是直接抽查学生本人。显然，这种方式既不够便捷，也不够准确。如果授课教师和辅导员不去主动与学生联系，就会让大批性格内向的学生失去和教师交流的机会，而主动寻找教师交谈的学生有时也是带着利益关系的，这些学生在和教师交流的时候也必然会迎合教师而隐藏自己内心的真实想法，从而获得教师的喜爱。这也就可能造成辅导员和教师所"掌握"的学生信息出现严重偏差。没有大数据的支持，教师所能获取的学生信息只能是少数的、片面的，所得出的结论也只能是不全面、不准确的。

由于大数据技术可以高效获取每一位学生的实时有效信息，甚至在分析整体的情况后还可以预测未来的结果，高校和教师借此就能更有效地获取全面的、实时的学生信息和动态，避免教师的片面化判断。细节决定成败，随着大数据不断融入教育行业，可有效提升高校思政教育的针对性。

4.大数据使得个性化教育成为可能

所谓个性化教育，简单来说就是因材施教，就是为每个学生提供符合自身的教育计划、教育内容等等，就是组织专业教育人员进行培养，帮助学生更好地发展自身，实现健康成长。

科技的不断发展，扩展了学生对于教育的需求。传统的教学形式已经不能满足学生的个性化需求，如今的课堂更需要以学生为主体，发挥学生在课堂中的主观能动性。老师作为教学方法的指导者，在教学过程中积极帮助学生完成教学内容，将教与学结合在一起，促进教师和学生成为一个整体，增强教育的互动性，这样才能更好地达到教育目的。

新时代的大学生个性化特征更为凸显，对课堂教学模式、对教师授课内容会提出更高、更具体、更个体的要求，另外，科技发达也使得新时代的大学生能够接触许多新型的科技设备，接受教育的途径增多。当务之急就是积极创新教育模式，以满足大学生个性化发展需求。

现如今科技不断发展，大数据的出现为学生的个性化成长提供了基本保障，手机、电脑的使用使得大学生获取信息的手段变得简单快捷，这就导致大学生们对科技的依赖度高，他们的生活已经离不开互联网终端设备，没了手机、电脑，就相当于阻断了他们获取信息的途径。大数据通过整合学生各方面的信息，将学生的真实状况反馈给学校，学校就可实时加强思想政治教育，实现因材施教。例如，利用大数据整合的信息，高校思政教育工作者可以分析出学生对于教学内容的掌握程度，针对学生的疑惑，进行一一解答，做到有问题及时解决，也可以根据学生的现实情况制定单独的学习计划，满足学生的学习兴趣。另外，在网上学习的过程中，教育者可以根据学生网络学习中的暂停次数、暂停时间来发现学生的疑问，进行解答。对问题相同的同学既可以统一组织起来，进行小班教学，又可以根据学生的学习记录，分析学生的学习效率、学习兴趣，将拥有共同学习兴趣的同学聚集起来，共同学习，共同进步，促进学生有效学习。

5.大数据的出现有利于解决学生思想问题

大数据技术的最大优势是能够整合以往的信息，揭示事物发展规律，从而有效面对未来，预测发展趋势。也就是说，大数据的主要作用是了解过去和预测未来，通过分析过去诸多信息资源，查找事物间的相关性，来分析事物的发展规律和趋势。

对于传统的教学形式来说，主要是通过资深教师的经验来了解过去，具有太多主观性，很难准确预测未来教学的发展趋势，而这一缺点，恰恰使得高校常常在面对紧急情况时，无法及时做出相应对策，只能在事后采取补救措施。大学生作为高校受教育的主体，他们是祖国的未来。高校思想政治工作者有义务帮助大学生全面成长，成为社会主义事业的合格接班人。当代大学生思想开放，对于新鲜事物敢于接受，并且对于新科技有极大的兴趣，他们更乐意将网络作为自己发表见解的平台，高校思想政治教育工作者就可以借助大数据收集整合大学生在网络上发布的内容，来分析大学生此时所处的情感状态，进而了解到大学生真实的心理。倘若遇到心理上有问题的学生，高校思想政治教育工作者就能够及时出击，进行制止或进行思想上的劝导。举例来说，2013年复旦大学的投毒事件，如果在事发前能通过大数据及时分析学生的心理状态，及时把握心理状态有问题的学生，就可能适时制止，避免悲剧发生。

大数据引进教育领域，作用之一就是帮助高校思想政治教育工作者掌握学生的信息，分析学生的心理，监测学生的行为，并准确预测后续可能产生的活动，及时引导或制止。

网络带来便利的同时也带来相应的问题。高度的自由度使得一些不法分子在网络上时常发表一些不良言论，而大学生思想还没有完全成熟，很难不受这些言论的影响。高校思想政治教育工作者应重视大学生的思想问题，借助大数据技术，收集掌握大学生言论情况，引导大学生关注积极向上、充满正能量的内容，并对思想上有问题倾向的学生及时发现并进行疏导。

此外，还可通过大数据分析关注学生的情感状况，包括学生发布在朋友圈或空间的动态，了解学生的实际生活，防止学生情感出现问题，对于已经产生的负面情感，高校思想政治教育工作者要及时干预，鼓励大学生乐观向上，为大学生健康成长保驾护航。

6. 更加科学地评估高校思想政治教育教学效果

合理有效的教学评估可以检测出高校思想政治教育的教学成果，检测教育是否达到预定的教学目标。学校的思政教育评估活动，可以检测出思政教师的工作能力，增强思政教师体系构建的可行性。以往对于思想政治教育教学成果考核的方法过于单一，往往只凭借学生的期末考试成绩进行考核。但是，单独的笔试成绩不能全面地反映出学生们的综合素质，反而会使得良好思想道德品质的培养得不到应有的重视。

大数据技术的应用，则有效地保证了高校思想政治教育考评的可靠性。各大高校通过自己校内运行的校园网，广泛地搜索学生们网上浏览的数据，并对数据进行合理有效的分析和深入的挖掘，寻找出有利于思想政治教育评估的有用信息。摒弃那些态度敷衍的教学评价，只留下那些话语真实有效的信息。通过这些真实有效的信息，可以了解到教师真实的教学水平以及教学过程中的不足。同时大数据可以采用多种角度对于教师进行考评。比如，教师的教学态度、教师的仪容仪表、教师的语言艺术、教师的授课方法等，并对这些考评结果进行归纳整理。通过归纳整理就可发现，同学们对于考评要素的倾向赋值，这样做可以帮助思政教师有针对性地进行专项提高，不断地改进自己的教育教学方法。对思政教师教学质量的评测活动，还可以为学生选课做相应的参考。通过对老师专业能力的评测，可以让学生充分地了解教师的教学水平以及教学习惯，为学生选课提供有效参考。这样就在一定程度上改变了传统的高校教育模式，做到了以人为本，更加注重学生们的主观能动性，让学生们真正成为课堂的主人，同时有效激发学生的学习积极性。

运用大数据技术还可以十分精确地处理图片和视频等相关数据。在网课的学习过程中，教师可以在后台观察学生们视频网课的学习数据，通过这些学习数据监测学生是否按时完成相关课程要求，并且对在线答题的数据进行分析，了解学生对于知识点的掌握程度，了解学生的易错点和困难点，在之后的课堂教学过程中进行有针对性的教学，从而提升教学水平，让教学评估更好地为学生服务。

7. 促进高校思想政治教育决策科学化

教育部2015年颁发的关于《"十三五"期间全面深入推进教育信息化工作的指导意见》指出："教育信息化要促进高校个性化的教学、细致化的管理以及更加科学化的决策。"高校思政教育的决策是否科学，影响到国家教育方针的贯彻落实以及思政教育的教学目标能否达成。

在大数据技术出现以前，高校思想政治教育决策的过程一般都比较简单化，比如通过会议决策和调查决策等方法，决策过程过于主观和片面，往往致使高校思想政治教育决策脱离现实。大数据技术普遍应用之后，通过对数据源源不断地采集，数据量剧增，数据来源的路径也更加广泛，数据的真实性、可靠性也有了进一步的提高。将大数据应用于高校思想政治教育决策的过程中，既可以找寻出更多影响思想政治教育决策的因素，从而采取切实可行的方法，增强思想政治教育决策的科学性，还可以通过严谨的数据分析摆脱以往决策的主观性和盲目性，使高校思想政治教育决策更加理性和准确。

大数据的应用，使得高校思想政治教育能够更好地为学生服务，而且学生和教师在教育教学的过程中交流沟通的结果应用于思想政治教育决策的制定过程中，并在后期通过考评的模式再对决策进行评价和监督。在大数据时代，高校获取大学生们的数据以及需求也更加简便，从而能更好地做出符合学生需求的科学决策。随着大数据技术发展日益成熟，还可以在将来实现高校思想政治教育决策的自动化生成。通过决策者设定相关参数，并且将相关参数运用大数据进行分析，自动生成科学合理的决策，从而更好地为学生服务。大数据可以更精确地分析需求，通过庞杂的数据发现学生们潜在的学习行为习惯，使决策行为更加合理有效。同时大数据还有预测功能，在决策开始之前，大数据会进行最终结果的预判，在面临突发事件的时候，会为决策者制定预警决策，提升决策效率和准确性。

随着大数据时代的来临，高校思想政治教育决策的过程会变得更加公平公正、合理有效。大数据的运用使得高校教育者更加轻松地做出决策，信息系统能够不断地收集多样化的材料，并进行有深度的分析，为决策者们提供便捷。但是，在现实应用过程中，如何收集海量数据，并对这些数据进行保存处理，同时快速分拣出有利于决策的有用信息是我们现实生活中面临的一大挑战，还需要进行深入研究。

总之，高校思政教育工作者们要借助大数据时代所带来的便利，善于利用大数据来制定相关的教学决策，并且注重培养自己的大数据思维，充分认识大数据对于高校思想政治教育决策的重要作用。

二、大数据时代下高校思政教学策略

1. 创建移动端网络教学平台，定制学生私人学习套餐

当代高校受教育群体大多数是"00"后的大学生。这群学生有着鲜明的共同特点，大部分属于独生子女，喜欢追求个性化和差异化，并且很多学生比较注重自我意识，是十分有个性且叛逆的一代。"00"后大学生群体对接收的知识比较挑剔，对知识的内容要求比较高。如果思想政治教育还是遵循传统的教学方式，那么其枯燥乏味的课堂势必会引起学生的反感。因此，这就要求高校思想政治教育工作者要不断地更新丰富自己的理论知识，充实学识，并且还要更新传统的教学内容，不断创新教学形式。教育创新的核心要素就是要引导学生主动思考和自主学习，根据学生的自身发展特点和每个学生的优势，最大化地激发学生的潜能，让学生能够更好地适应社会的发展。每个大学生的家庭背景和环境各式各样，接受的教育水平也各不相同，不同的人有着不同的发展特点和个性，因此，在思政教育中用统一规划的教育方式已经不足以满足大学生

的需求。

随着科学技术和互联网的高速发展，大数据技术开始运用于人们的日常生活中，同时也给高校思想政治教育带来了机遇，能够促进教学方式不断创新，促进高校思想政治教育个性化发展。大数据的最大特点不是其庞大的数据，而是能够在关联的数据中为我们提供有用的数据。

由于便捷的网络，促使手机和平板电脑成了学生使用最多的移动端。大部分"00"后学生都是网络爱好者，甚至部分学生已经是网络的重度痴迷者，对手机等电子产品的依赖度高。在高校中，基本已经实现了每位学生都有自己的移动终端设备，这使得每个学生随时随地就能够了解国内外的热点新闻。高校思想政治教育工作者可以通过网络建立网上教学平台，通过网络在线教学，改变思想政治理论学习的教学方式，减少思想政治教育课程对时间和地点的限制，这样不仅能够激发学生的学习兴趣，引导学生主动思考，又能够使学生学习更加便捷，提高教学效率，还能节省师生的时间。

目前在互联网学习的平台上有许多教学方式，比如说"微课""慕课""翻转课堂"等。"微课"是指一种碎片化的学习方式，教师根据课程内容或教学环节，录制十到二十分钟的教学视频。"慕课"是指大规模开放的在线课程，是"互联网＋教育"的产物。"翻转课堂"也指颠倒课堂，是指重新调整课堂内外的时间。通过学生先自学，然后教师结合学生的自学情况，再进一步开展教学内容。在课堂上，主要解决学生自学时不能够很好掌握的知识点。翻转课堂将学习的决定权从教师转移给学生。高校思想政治教育工作者可以结合这几种教学模式，录制视频上传到网络平台，比如说微博空间、微信等，还可以将课程视频转为"二维码"，使学生能够随时随地学习。

学生在学习网络公开课程时，后台会记录下他们的学习数据。因此，高校思想政治教育工作者可以根据学生的学习痕迹进行数据分析，从而全面了解学生的学习进度和对知识点的掌握情况。对于难以理解的知识点，学生可以将学习情况自行发送给教师。教师在移动端接收到信息时，能够立刻为学生答疑解惑。这样不仅可以提高学生的自主学习能力，还能够节省教师和学生双方的时间。同时，大数据技术还能帮助教师挖掘有难度的知识点，从而可以安排课程进行答疑或者是为学生录制答疑视频，实现零距离的交流互动。这样不仅能够促进师生感情，而且还能及时地满足学生的学习需求。

总之，传统的教学方式强调整体性教学，不能够满足学生的个性化需求。大数据技术很好地弥补了这一缺陷，通过大数据分析学生的个体学习轨迹，根据每个学生的网络学习情况反馈，为其定制适宜的学习内容，从而帮助学生更加全面地掌握思想政治教育理论知识，实现全面发展。

2. 实时分析学生关注热点，动态调节课程内容

高校思想政治教育针对的对象和目标群体是年轻的大学生，大学生对国家未来的建设发展有着至关重要的作用，是未来建设国家的主力军。高校思想政治教育最主要的教育目的是引导学生形成正确的世界观、人生观和价值观，培养学生高尚的道德品质，帮助学生在未来的人生道路上，能够实现自身价值和社会价值。高校学生不仅需要具备健康的身体素质，道德素质和精神世界也应该积极向上、健康向善。目前的高校学生，多数来自独生子女家庭，而且多数学生有着良好的家庭经济条件，因此很多都具有以自我为中心的性格特点，并且不具备艰苦奋斗的精神作风。随着科学技术的快速发展，我国社会的生活水平日益提高，进入了高速信息化时代。高校大学生对电子产品的依赖程度很高，吃穿住行都离不开移动电子设备，手机已经成了当代大学生形影不离的必备品。智能手机和电脑给高校学生带来了极大的便利，使得其能够随时随地获取知识和信息，这不仅提高了高校学生的自主学习能力，同时还提高了其独立思考的能力。

热点问题往往会在网络上快速传播，从而在短时间内引起极大的关注和讨论，很大一部分是有幕后推手的。有部分人通过炒作，利用网民的心理诉求，从而引起热点事件迅速发酵。热点事件的话题内容，很大一部分都是关于国计民生方面的事情，所以大学生对此的关注度往往都会很高。在高校思想政治教育的课程内容中，大数据技术为高校教师掌握学生的思想动态提供了极大的方便。高校教师可以借助大数据技术，把学生关注最多的实时热点新闻和

能够引起学生较大争议的新闻内容,通过大数据技术收集起来。根据学生关注和浏览的动态数据,及时地调整思政课内容和课程计划,在课程内容中引入学生近期关注度比较高的热点新闻,因势利导,用马克思主义原理分析热点事件形成的原因以及可能造成的结果,让学生能够正确看待热点事件,从而增加对思政理论课程学习的兴趣和积极性。

3. 及时了解学生网络舆情,适时给予正面引导

学生网络舆情,是指学生对互联网上流传的各种事件产生的不同看法的网络舆论,是社会舆论的一种表现形式。

在高速发展的互联网世界中,我们完完全全被信息包裹着。大学生可以通过微信、微博等社交软件,快捷方便地获取社会上引起较大舆论的热点新闻,同时还能在社交软件上看到网友对热点事件的议论,甚至自己也可以随时对热点新闻做出评论,还能够对别人的评论留言,留下自己的看法。大学生正处于世界观、人生观、价值观形成和发展的重要时期,对于社会上的热点事件并不具备明辨是非的判断能力,容易被网上的舆论所误导。同时,大学生处于接受知识的高峰期,十分渴望能够提高自己的能力,盼望能够展现自己,希望自己的观点和价值能够通过网络平台被更多的人所认同。互联网的迅猛发展,恰好为大学生提供了一个能够展现自己的网络平台。尤其是对于一些性格内向的高校学生,虽然在日常生活中他们与同学或者教师的沟通少之甚少,但是通过互联网这个虚拟的平台,他们也能够尽情地表达自己的观点和情感,减少了被别人当面指责的不适感。因此,高校思想政治教育工作者首先应该具备一定的大数据技术分析能力,并能够随着网络的发展而不断地学习;其次,可以通过建立与思政教育相关的微博账号,发布正确引导学生世界观、人生观、价值观的相关文章信息;再次,要能够及时地响应热点新闻,对于一些学生比较迷茫的社会热点事件,要能够第一时间给予引导和答复;最后,要能够积极地接触、运用社交软件,主动和学生沟通交流,关怀和引导学生的精神世界。

大数据技术可以分析处理庞大繁杂的数据,可以通过存储功能保留高校学生网络上所有的浏览动态,通过云计算分析数据的结果,可以使高校思想政

治教育工作者知晓学生的思想情感发展状态。同时，大数据技术还有预测功能，通过数据分析能够预测学生将来发生的行为倾向。一旦发现学生思想偏激的情况，或者是学生对某一热点事件存在误解，高校教师可以及时纠正、引导学生价值取向，防止学生的思想情感朝消极方向发展。大学生的价值取向和政治思想，对中国特色社会主义道路未来的发展有很大的影响，因此，高校思想政治教育工作者必须准确地把握学生网络舆情，利用大数据技术了解网络舆情走向，确保高校学生形成正确的政治思想，培育并践行社会主义核心价值观，成为建设社会主义的合格接班人，成为实现中国梦的主力军。

三、利用大数据力量提升高校思想政治教育对策

1.建立思政教育大数据处理专业技术团队

思想政治教育在高校教育中发挥重要的作用，而在大数据时代，最紧缺的就是人才，尤其是大数据新型人才。为顺应时代发展的需要，大数据分析人才的培养和储备至关重要。当一个专业领域变得复杂化和专业化，就会迫切需要能够运用新技术的专业人才的介入。当下大部分高校都会对学生实行校园一卡通，在食堂、宿舍、图书馆等多个校园场所，通过校园卡记录活动行动轨迹，经过长时间的积累，收集和储备了大量的学生数据，这些数据经过挖掘和深度处理，经过校园网端平台，建立高校自己的信息网络管理中心，运用大数据处理技术分析海量信息，从而得出比较客观的结论，可以对高校教育的问题进行深度规划，得出比较全面、有说服力的信息支撑。

高校思政教育工作者可以借助大数据技术，充分掌握学生的思想动态，建立高校内部的学术交流管理数据库，完善学生对于思想政治课程开展和课程设置的建议与看法，进一步提高学生的思想政治建设，全面促进学生身心健康发展。要想随时随地地根据现实情况进行数据分析和整理，与时俱进地更新、记录学生的实时反馈信息，就需要建立属于自己的专业团队，专业性和技术性要求比较高的大数据处理人才更是不可替代的宝贵资源。

建立高水平的大数据专业团队，除了外聘已经拥有丰富实操经验的专家学者作为掌控全局的领军人才，还需要加强团队建设，积极组织思想政治教育

工作者参加大数据基础知识培训，使其通过系统的基础理论学习，掌握大数据处理的基本流程，了解大数据与课程建设之间的联系，使他们对运用大数据技术作为思想政治教育课程的改革充满期待，并且可以在教学设计的过程中，考虑到大数据的处理过程，开展更加有利于课程整体化发展的课程革新。应该在高校思想政治教育学科设立部分计算机课程，让专业知识与大数据技术有机融合，培养既具有主观感性的思想政治教育，又有客观理性的计算机思维，满足大数据技术改进思政课程的需要。

2.合理合法合规收集学生数据

当今高校都有各自的校园网络，可以随时随地地让学生了解学校的状况。教育者可以更好地学习、了解学生的学习状况，从而洞察学生遇到的难点，对其有针对性地做出正确的方向指引。

大数据分析给高校的教学、规划、学生管理等带来一定的便利，在收集学生活动的相关数据时，高校相关人员也要做到合理合法合规。

对于数据的真实合理和合规合法，高校应该高度重视。收集整理学生的资料和个人信息资料作为课程教学改革的依据，其用途的合理性值得肯定，并应该得到支持。但在融媒体环境下，个人信息保密的重要性自然是不言而喻的，所以我们在利用大数据技术收集学生数据的时候，应当制定相应的规则，避免发生任何不必要、不愉快甚至违法的事件。首先，制定硬性规章制度。收集的数据只能由一小部分核心成员查看，且不容许单独进行数据的处理，需要三人以上人员在场，避免数据被用作其他用途，确保不会发生信息泄露，给学生和学校带来不利影响。其次，究竟哪些数据可以公开，应该制定明确的标准。学生们有权知道自己的数据信息被用作何种用途，学生保有拒绝参与数据收集的权利。学校应对学生的个人选择给予充分的尊重。最后，如若发生信息泄露的问题，学校应及时应对，避免信息进一步扩散，对当事人造成的困扰应当及时补救，并给予一定的补偿；与此同时，对参与数据信息收集工作的各位涉事人员进行排查和责任认定以追究责任，若有违法违规情况，则依照相关法律法规进行处罚。

第五章

结 语

第五章 结 语

融媒体不仅变革了现代信息传播技术,也深刻影响着社会经济、政治、文化领域,改变着人们的生活方式、学习方式、思维方式。国际上意识形态领域斗争依旧尖锐复杂,国内社会思想也呈现出多样、多变特征。新媒体的互动性、便捷性、时效性等特点为高校思想政治教育现代化、信息化发展提供机遇的同时,其所带来的信息化技术手段、去中心化媒介格局、多样化信息环境等也对高校开展社会主义核心价值观教育造成一定冲击。大学生作为中国特色社会主义事业的生力军和接班人,既是培育践行社会主义核心价值观的重点群体,也是新媒体这一新兴网络传播媒介最为主要的受众群体之一。新时期加强高校大学生社会主义核心价值观教育是一项重大的战略任务,也是高校思想政治教育所研究的重点课题。

"00"后的大学生总体来说具有以下特点:

其一,思想主流向上,对中国共产党的领导、中国特色社会主义制度、中国特色社会主义理论体系、中国特色社会主义道路持高度认同态度,对国家保持强烈的认同感和信心。

其二,思想观念现代化,主要表现在有较强的科学意识,对科技创新的认同,投身科学探索的积极性不断提高。大学生专利项目不断增多,成为国内科技创新的主体之一;他们拥有开放的思想观念,表现为对多元文化的包容性、政治思想的开放性、价值取向的多样性。当代大学生对世界的认识和理解,一定程度上可以说超越了以往任何一个时代,他们充满好奇的认知心理、尚未完全固定成型的精神世界、对各种资讯媒介的熟练运用、可自由支配的充裕时间、强烈的民主意识以及立体多维的思维方式等使得价值观教育复杂化。当代大学生还表现出价值取向的多样化。市场经济的发展促进了"00"后大学生自我意识的觉醒；同时，利益主体与社会价值的多样化也促使大学生群体价值取向的去单一化。"理想型、奉献型、无条件服从社会或国家需要的单一化正在被现实的、具有明确功利倾向的、个人色彩突出的多样化人生追求所取代。"

其三，民主意识强烈。作为在开放社会环境下成长起来的一代，"00"后大学生有着更加强烈的独立人格与自由意识。他们在知识学习上敢于提出疑问，在社会问题上敢于表达自己意见，在舆论喧嚣中不盲从所谓的"专家论调"，在涉及自身利益时敢于积极发出自己的声音。他们乐于参与政治，对党和国家的重要决策、国内外重大事件都表现出较高的关注度和参与热情。他们具有较强的责任意识，他们经常有组织地参加社会公益、志愿服务、爱心奉献等，当祖国需要的时候，他们身上的责任感就充分表现出来。

他们追求平等意识。生理和心理的发展，使得大学生产生强烈的"成人感"，并且出于个体独立和自尊的需要，他们对平等性的要求越来越高。交往的平等性上，更倾向于同学、同辈、同资历对象间的交往；不同社会角色的平等性上，大学生普遍一视同仁，并能够正确认识到职业歧视、性别歧视、地域歧视等错误观念的谬误和错误所在；此外，还积极地表现在随着教育程度和社会化程度的不断提高，对权利义务平等性、市场经济平等性、法律关系中各主体地位平等性不断深刻的认识上。

"00"后的大学生总体趋势积极向上，在主流价值观上具有很高的一致性，但也存在一些差异，具有一定缺点和弊端。具体表现在：

其一，主流认同度高，但价值观念多样。在理想信念与价值取向方面，表现出较为突出的务实性。在道路认同与理论自信方面，存在一定的脱节。虽然绝大多数学生政治立场坚定，对中国特色社会主义事业取得的成就持高度认同态度，但是在理论自信上略显不足，多样化倾向明显。在国家、社会与自身价值的实现上，价值选择较为多样和分散。受我国传统文化和社会主流价值观熏陶，大部分学生都能够持有国家利益高于一切的态度，"在贡献社会中实现自身价值"，但是在涉及自身价值取向时，则没有呈现出较为集中、统一的答案，常常会选择公私兼顾和先私后公。

其二，他们独立思考，但过于以自我为中心。大学时代是自我意识发展最强烈的阶段。大学生们在思维上表现出较强的独立思考能力，在价值评判标准上表现出较强的自我中心倾向。这两方面发展得当，则共同促进大学生主体独立、自主、健康的人格发展；但是如果任何一个方面出现失调，则易使其自我意识产生偏差，甚至形成过度扭曲的自我中心观念。独立思考能力不应当简单地等同于成熟的思维方式，其只是构成思维方式的主观条件，即大脑机能的发展使得思维能力成为可能，但同时也需要获取客观恰当的经验素材才能得出正确的思维结果。这种获取经验素材的能力，也是成熟思维方式的主要标志之一。然而，在网络信息纷繁复杂、网络成为大学生自主学习重要手段的客观环境下，大学生对网络信息的高依赖程度和较为薄弱的辨识能力，往往成为阻碍其进行客观、历史、辩证思考的制约因素，进而使之在自我意识上出现偏差。表现为过分张扬，尤其在开放、匿名的网络空间中部分学生毫无顾忌、毫不掩饰地发表过激言论，并错误地视其为理所应当的"张扬个性"。更有甚者，不顾他人感受、不顾自己言论可能带来的负面影响，只图一时之快而形成"网络暴力"或是网络谣言。他们追求新鲜、标新立异，错误地将一些有害思潮、消极思想拿来作为自己的"谈资"。这就导致部分大学生一味地追捧网上一些历史虚无主义、西方新自由主义中的新奇观念，从而模糊了对根本理论和现实问题的正确认识和基本判断。过度以自我为中心，人际交往中以己度人、社会交往中全凭自己好恶行事，不仅容易导致功利化的价值取向和情绪化的行事风格，也容易无法维持自身与他人、与社会的和谐关系。同时，在理想与社会现实发生冲突时，往往归咎于社会环境因素，而忽视对自身进行客观的审视，不利于其健康向上人格的形成。

其三，线上线下两面性。融媒体背景下，衍生了大量的键盘侠，他们在网上对社会问题品头论足，现实中无所作为，表现冷漠。这种线上线下两面性的问题，在"00"后大学生群体中有较多体现。在道德实践方面，存在道德理想的认同与实践的矛盾。如在线上问卷调查中，百分之九十以上的大学生对于舍弃名利、无私奉献、为国为民、报效国家的道德精神有着高度的认同感，但是在遇见坏人抢劫、偷盗等犯罪行为时，有很多人就选择"尽量回避，少惹麻烦"，在现实生活中对道德理想的践履性上存在一定差距。在政治参与上，虽然大学生政治参与热情高，但是在参与实践上却较为欠缺。一方面，表现在参与方式上，主要是在网络上表达政治意见为主，而在参加诸如学校所在选区人民代表的换届选举的投票、选举等政治参与活动上则没有积极性，大多是在老师和学校的动员下参加。另一方面，表现在参与的情绪化和极端性上。有研究者指出，在一些社会矛盾比较集中的问题上，青年群体表现出高涨的参与热情，并形成强劲的民意，但是容易被富有煽动性的观点和言论吸引并做出过激反应，表现出冲动性、发泄性参与的特点。大学生群体作为青年群体的一部分，往往也部分存在非道德参与的问题，如网络谩骂、使用语言暴力、造谣以及"人肉搜索"侵犯他人隐私等等问题。再者，表现在参与动机上的不平衡。部分学生对社会、政治生活缺乏长远、理性的认知，这使得其虽然持有一定的政治兴趣，但在参与动机上往往夹杂"功利主义""个人主义"倾向，并体现出政治参与的"选择性冷漠"，一方面，对事关长远发展的政治决策事项上"漠不关心"，对自身密切相关的事项则几近"狂热"地非理性参与。

习近平总书记在清华大学考察时指出："当代中国青年是与新时代同向同行、共同前进的一代，生逢盛世，肩负重任。"中国特色社会主义进入新时代，中国日益走近世界舞台的中央，我国青年迎来了最好的发展机遇、最广阔的发展舞台。"社会主义核心价值观是当代中国精神的集中体现，凝结着全体人民共同的价值追求。要以培养担当民族复兴大任的时代新人为着眼点。"坚持"德育为先，育人为本"的高等教育办学理念，内在要求就是要把社会主义核心价值观教育放在第一位，并贯穿高校教育教学全过程。当代大学生肩负着民族复兴的历史重任，加强社会主义核心价值观的培育与引导，是高校教育的题中之义。

要深化高校社会主义核心价值观教育，就要坚持以立德树人为根本。在高校，教师是对大学生影响最大的群体，教师的价值观潜移默化地影响着学生，对学生人格的塑造、健康成长成才起着至关重要的作用。因此，提高教师对社会主义核心价值观的认知水平与实践能力，是培育学生社会主义核心价值观的基础与保障。一支德才兼备、与党同心同德的教师队伍，在做好传授知识的本职工作的同时，也能在社会主义核心价值观的引领上做出表率。思想政治理论课，是高校弘扬与传播社会主义核心价值观的重要载体，是培育学生道德的有效途径，与社会主义核心价值观具有内在的一致性。面对当下文化多样、价值多样的社会现状，高校思想政治课要更加接地气，更加注重学生的诉求和期盼，提高学生参与的积极性，从而真正实现引导学生在多种社会思潮和多样价值观中进行鉴别和选择，发挥出学生的主体作用，通过其独立思考，树立正确的价值观。

要深化高校社会主义核心价值观教育，就要加强校园文化建设。社会主义核心价值观和高校校园文化都是文化范畴内的重要元素，同时，高校校园文化又是弘扬社会主义核心价值观的重要平台。所以，高校必须坚持以社会主义核心价值观为引领的校园文化建设。健康的校园文化，可以陶冶学生的情操、启迪学生的心智，促进学生的全面发展。将社会主义核心价值观的内涵融入学校目标、校风、传统习惯、行为准则和规章制度等，不断创新校园文化建设的形式和内容，营造知荣辱、明道义、讲正气、促和谐的校园氛围，在潜移默化中达到润物细无声的效果。

培育和弘扬社会主义核心价值观，关键在践行。高校开展社会主义核心价值观教育，必须结合办学治校实际和专业特色，顺应融媒体信息传播的实际，针对大学生思维活跃、易于接受新鲜事物的特点，实现多向贯通、回应诉求、培育主体联盟，从而达到内化于心、外化于行的良好效果。

其一，实现专业课和思政课相互贯通。要摒弃靠思想政治理论课程单打独斗的教学模式，将社会主义核心价值观有机融入专业课程之中，结合理工、经济、人文、艺术等各专业门类的特点，将社会主义核心价值观的基本内涵、主要内容等纳入整体教学布局和课程安排，做到专业教育和社会主义核心价值观教育相融共进。在实践载体上，教学平台和社会建设平台相贯通。社团文化是高校思想活跃、活动多样的重要校园文化。通过提升理论品格、塑造精神品质、打造活动品牌、固化价值品行等途径，让高校社团形成契合社会主义核心价值观的社团文化，通过社团文化熏陶，增强学生的思想道德素养。开展知识竞赛、征文比赛，评选先进典型，邀请道德模范进校园，举办文化道德讲坛等丰富多彩的社团文化活动形式，打造精品文化活动，使学生更加深刻地领悟社会主义核心价值观。开展志愿服务也是加强社会主义核心价值观教育的有效方式。以实践活动为载体，与公益活动有效对接，传播向上向善的精神力量，使学生在社会实践中深化对社会主义核心价值观的理解。

其二，及时回应大学生的诉求。我们必须准确把握大学生的关注点和期盼点。一是积极回应学生对网络信息的诉求。大学生是最主要的上网群体，他们信任网络、依赖网络，乐于从网络中获取信息。因此，高校开展社会主义核心价值观教育，必须主动将工作重心转移到互联网，转向新媒体，打造特色鲜明、学生喜爱的价值观教育主题网站、师生互动社区、移动课堂、校园微信、名师微博等网络教育阵地。同时，将网上传播和网下传播相结合，积极创造微媒文化精品，不断丰富高雅的校园精神文化生活，提升社会主义核心价值观在互联网的吸引力和影响力。二是主动回应学生对就业创业的诉求。大学生就业创业是全社会关注的热点问题，更是在校大学生需要面对的现实问题。树立什么样的就业观念，决定着大学生以怎样的心态看待学习、对待就业。因此，必须注重从大学生的现实关切着眼，从具体细致的解疑释惑入手，努力用社会主义核心价值观校正大学生就业预期，引导大学生成才创业。特别是大力强化"创业梦"与"强国梦"紧密联系的理念，引导大学生自觉主动调整个人的价值取向，努力成为对国家、对社会有用的人才。三是有效回应学生对人文情怀的诉求。大学生正处在人生感情走向成熟稳定的关键阶段，他们对历史文化、人文情感等充满渴求。必须有效回应这种渴求，将社会主义核心价值观从理论概念变成充满人格魅力的人物形象和感人至深的故事，营造出学生喜爱的环境氛围，融教于导，寓理于引，通过形象化的感受与人格化的感染，调动大学生在情感上充分融入，从而取得"润物细无声"的良好效果。

其三，着力构建责任体系，培养主体联盟。高校开展社会主义核心价值观教育，人人是主角，没有旁观者。要重点培育好三个主体，构建起高校社会主义核心价值观教育的责任体系。一是培育好社会主义核心价值观教育的设计者、统筹者。培育和践行社会主义核心价值观是一项整体性、系统性、协同性的工作，需要整体规划，统筹兼顾。高校各级党员干部、思想政治理论课教师、辅导员等要努力提高理论素养，抓好顶层设计和总体规划，把社会主义核心价值观全方位地贯穿于教学、科研、服务和管理等各个环节，覆盖全体师生员工。二是培育好社会主义核心价值观的引领者、示范者。对大学生影响最大的是高校教师群体。要努力建设一支德才兼备、与党同心同德的教师队伍，使其在传授专业知识的同时当好精神导师，发挥出知行统一、引领风尚的表率作用，承担起凝魂聚气、强基固本的职责使命。三是培育好社会主义核心价值观的接受者、主导者。高校培育和弘扬社会主义核心价值观，必须充分尊重大学生的主体性，积极为学生营造自我教育的氛围和环境，使学生在自我认识、自我体验中提高认知能力、判断能力和选择能力，主动选择接受和践行社会主义核心价值观，真正形成思想共鸣，真正转化为自身的价值取向。

要培育大学生从思想上真正认同社会主义核心价值观，就必须坚持紧紧围绕"坚持和发展中国特色社会主义"这一主题、"实现中华民族伟大复兴中国梦"这一目标，遵循以大学生为本、以理想信念为核心、以立德树人为理念和以改进创新为途径四个原则，对大学生进行宣传教育和示范引导，让社会主义核心价值观融入大学生的精神世界变成大学生的信仰，实现大学生对社会主义核心价值观的高度认同。

社会主义核心价值观建设是心灵建设，是一个潜移默化、日积月累的过程。随着网络技术的飞速发展及推广应用，互联网、智能手机对日常生活的渗透领域逐渐扩大，继而兴起的新媒体成为社会主义核心价值观传播的新阵地。新媒体以其信息的海量性、方式的生动性、更好的互动性、更强的感染性，展现出有别于传统媒体的传播优势。高校的社会主义核心价值观教育，应充分利用好微博、微信、校园网站等媒体平台的传播力量，通过新颖时尚的传播手法调动学生的积极性，如拍摄微电影、制作含有社会主义核心价值观的表情包、设立微信公众号、开展微博话题等，增加吸引力，达到学生广泛参与的目的。高校的社会主义核心价值观教育，要不断创新渠道和载体，在方式和手段上与时俱进、持续用力，使社会主义核心价值观的传播实现优质效果。"我们每个人要有做一座灯塔的信心，发放光明，照见自己的前途，同时又照耀他人，照耀社会，造成光明的世界。"大学生是实现中华民族伟大复兴的中国梦的主体力量，教育者要善于发掘每个大学生心底蕴藏的道德情感，引导大学生勇做灯塔、努力奋斗，在日常生活中积极践行社会主义核心价值观。

参考资料

一、学术著作

［1］尹韵公.中国新媒体发展报告［M］.北京：社会科学文献出版社，2010.

［2］石磊.新媒体概论［M］.北京：中国传媒大学出版社，2009.

［3］杨继红.谁是新媒体［M］.北京：清华大学出版社，2008.

［4］蒋宏，徐剑.新媒体导论［M］.上海：上海交通大学出版社，2006.

［5］杨德广.现代教育理念专论［M］.北京：人民教育出版社，2004.

［6］方文.网络环境下高校思想政治教育研究［M］.北京：中国水利水电出版社，2013.

［7］〔美〕安德森.长尾理论［M］.北京：中信出版社，2006.

［8］王虹.新媒体时代高校思想政治教育创新研究［M］.北京：中国社会科学出版社，2012.

［9］当代大学生思想道德教育研究课题组.当代大学生思想道德教育的理论与方法［M］.北京：北京大学出版社，2007.

［10］宫承波.新媒体概论［M］.北京：中国广播电视出版社，2007.

［11］〔美〕克雷斯威尔.研究设计与写作指导［M］.重庆：重庆大学出版社，2007.

［12］陈秉公.思想政治教育学原理［M］.北京：高等教育出版社，2006.

［13］张耀灿，等.现代思想政治教育学［M］.北京：人民出版社，2001.

［14］〔加〕赫伯特·马歇尔·麦克卢汉.理解媒介［M］.北京：商务印书馆，2000.

［15］〔美〕马克·波斯特.第二媒介时代［M］.南京：南京大学出版社，2000.

［16］北京市新闻工作者协会.中国媒体融合发展报告［M］.北京：社会科学文献出版社，2017.

［17］温怀疆.融媒体技术［M］.北京：清华大学出版社，2016.

［18］费君清.媒介融合与文化传承［M］.杭州：浙江大学出版社，2016.

［19］项勇.媒体融合的探索与实践［M］.北京：中国广播影视出版社，2015.

［20］皇甫晓涛.新媒体论［M］.北京：光明日报出版社，2015.

［21］陆高峰.微传播时代的媒体生态［M］.北京：知识产权出版社，2015.

［22］俞文明.从"相加"迈向"相融"［M］.北京：团结出版社，2017.

二、学术论文

［23］马志同.论新媒体环境下大学生思想政治教育面临的挑战及对策［J］.淮海工学院学报（人文社会科学版），2012（3）.

［24］代永建，王峰.新媒体技术对当代大学生的思想影响及启示［J］.经济与社会发展，2011（11）.

［25］郑元景.新媒体环境下高校思想政治教育实效性探析［J］.思想理论教育导刊，2011（11）.

［26］冯培.新媒体时代大学生思想政治教育工作的变革［J］.北京教育（德育），2011（9）.

［27］周静.新媒体背景下加强高校思想政治教育的理路［J］.学校党建与思想教育，2011（26）.

［28］徐海鑫，廖浩君.试析新媒体如何在大学生思政教育中有效发挥作用［J］.学术论坛，2011（7）.

［29］新媒体环境下高校网络舆论引导工作的探索与思考［J］.思想教育研究，2011（5）.

［30］张存凯，夏卫东，王磊，高学德.新媒体环境下高校校园网络文化建设

［J］．中共济南市委党校学报，2011（2）．

［31］张兆文，陈清波．新媒体时代大学生社会主义核心价值体系教育途径［J］．湖北民族学院学报（哲学社会科学版），2011（2）．

［32］张军．新媒体环境下现代思想政治教育的动力生成［J］．学校党建与思想教育，2011（7）．

［33］郝颖．浅议大学生思想政治教育接受过程的优化［J］．思想理论教育导刊，2015（2）．

［34］魏晓文，李晓虹．新媒体环境下高校思想政治教育传播效果研究［J］．大连理工大学学报（社会科学版），2015（1）．

［35］姜喜咏．从"传播"到"接受"的马克思主义中国化研究范式转型［J］．教学与研究，2015（1）．

［36］陈燕红．新媒体视域下高校"宅男宅女"群体调查及引导策略［J］．教育评论，2014（12）．

［37］赵殷．基于新媒体平台下的高校思想政治教育研究［J］．思想理论教育导刊，2014（12）．

［38］张琴．新媒体时代大学生思想政治教育工作机制创新探究［J］．思想理论教育，2014（12）．

［39］许辉，郑方明，于兴业．新媒体时代高校思想政治教育途径创新的思考与实践［J］．黑龙江高教研究，2014（12）．

［40］杨希．新媒体视野下大学生思想政治教育工作对策分析［J］．黑龙江高教研究，2014（12）．

［41］黄军利．浅析网络舆论对大学生思想政治教育工作的挑战与机遇［J］．思想教育研究，2014（11）．

［42］陈慧女．新媒体环境下高校思想政治理论课教学网络阵地拓展探析［J］．思想理论教育导刊，2014（11）．

［43］边凤花，李海洋，王佳．微媒体环境下大学生思想政治教育的困境及对策研究［J］．石家庄铁道大学学报（社会科学版），2019（3）．

［44］刘丽琴．"微时代"背景下高校思想政治"微教育"探析［J］．学校党建与

思想教育，2019（4）．

［45］高晓松."微时代"对当代大学生思政教育的影响及对策［J］．淮南职业技术学院学报，2019（1）．

［46］孙一文，张鸿来．新媒体时代高校官方微信公众号运营策略研究［J］．新闻世界，2019（1）．

［47］周春晓．高校网络舆情视阈下思想政治教育话语权研究［J］．学校党建与思想教育，2018（19）．

［48］申俊奇．新时代大学生理想信念教育"四位一体"模式与对策［J］．继续教育研究，2018（8）．

［49］申涛，张俊洁．微时代视野下提高大学生思想政治教育水平的思考及探索［J］．河北工程大学学报（社会科学版），2017（4）．

［50］韩志敏．新媒体时代高校学生思想政治教育创新研究［J］．装备制造与教育，2017（3）．

［51］冯文岐，张涛．新媒体对高校思想政治教育的挑战及优化对策［J］．高教探索，2017（S1）．

［52］林莉，徐宝星．新媒体背景下大学生思想政治教育工作的创新思考［J］．现代经济信息，2017（12）．

［53］赖丽萍."媒介融合"视域下高校学生思想政治教育问题与对策研究［J］．黑河学院学报，2017（1）．

［54］刘世衡．马克思主义传播观的现实借鉴意义［J］．人民论坛，2017（2）．

［55］田子蕊．微博、微信时代加强大学生思想政治教育的思考［J］．教育教学论坛，2016（52）．

［56］方舟."融媒体"视阈下高校校报转型初探［J］．新闻研究导刊，2016（21）．

［57］王嘉．创新融合与坚守阵地——校园融媒体文化育人平台路径探索［J］．文史博览（理论），2016（10）．

［58］杨武成，姚海田，于露．融媒体视域下大学生思想政治教育现状及应对策略［J］．高教学刊，2016（20）．

[59] 童怡源.加快推动传统媒体和新兴媒体融合发展的探索[J].新闻研究导刊,2016(18).

[60] 程秀红.时政报刊对大学生的思想政治教育作用[J].河南司法警官职业学院学报,2016(3).

[61] 耿严立.优化电视新闻节目思想政治教育功能的途径[J].新闻传播,2016(16).

[62] 郝欣.新媒体时代高校思想政治工作队伍媒介素养提升方案研究[J].浙江传媒学院学报,2016(4).

[63] 魏薇,毛萍,马继梅.融媒体时代高校思想政治教育话语的变迁与进路[J].现代教育管理,2020(7).

[64] 郭春雷.新媒体环境下高校辅导员做好大学生思政教育工作的思考——评《新媒体时代的大学生思想政治教育》[J].新闻爱好者,2017(2).

[65] 武传钟.新媒体时代高校思政教育的应变与创新[J].教育与职业,2016(10).

[66] 杨晶晶.微媒体时代高校思政教育实效性实证研究[J].中国报业,2017(6).

[67] 林秀慧.论自媒体时代高校思政教育的机遇和转机[J].试题与研究,2018(19).

[68] 李向东.自媒体时代地方高校思政教育师资队伍建设研究[J].文教资料,2015(3).

[69] 吴志鹏.自媒体时代高校思政教育路径创新分析[J].吉林教育,2020(32).

[70] 尹文芬.自媒体时代高校思政教育创新路径探究[J].辽宁广播电视大学学报,2019(2).

[71] 魏婕.融媒体时代高校思政教育实效性提升的困境与对策[J].传播力研究,2019(24).

[72] 崔璨.融媒体时代高校思政教育的现实障碍与化解路径[J].传播力研究,2019(25).

[73] 刘勇, 黄昌萍. 融媒体时代高校思政教育工作创新探究［J］. 记者观察, 2020（30）.

[74] 谢依笑. 习近平思想政治教育思想对高校思政教育的启示［J］. 福建茶叶, 2020（4）.

[75] 张怡. 基于四个全面战略视角下的高校思想政治教育研究［J］. 中国高新区, 2018（14）.

三、学位论文

[76] 朱妍妍. 新媒体对大学生思想政治教育的影响及对策研究［D］. 信阳师范学院, 2015.

[77] 寇嘉. 传播学视野下的新时期高校思想政治教育传播策略研究［D］. 西北大学, 2010.

[78] 杜亮. 3G背景下大学生思想政治教育载体研究［D］. 山东大学, 2010.

[79] 贺小霞. 民办高校思想政治教育问题与对策研究［D］. 中国地质大学（北京）, 2008.

[80] 冯娅楠. "微时代"高校思想政治教育话语创新研究［D］. 兰州理工大学, 2019.

[81] 孙琳. 微时代思想政治教育传播研究［D］. 中北大学, 2019.

[82] 成书星. "两微一端"背景下大学生思想政治教育路径探索［D］. 山西师范大学, 2018.

[83] 薛婷. "微时代"背景下大学生思想政治教育研究［D］. 太原理工大学, 2018.

后 记

本书为"核心价值观培育与红色文化基因传承"系列丛书之一。笔者从2013年在陕西师范大学马克思主义哲学专业求学至今，已有八载。得益于陕西学前师范学院"陕西省哲学社会科学重点研究基地核心价值观培育与红色文化基因传承协同创新研究中心"的培养。在基地工作时，海量资源的阅读，大量文献的整理，多次会议资料的收集，使我有了专业知识的积累，萌生思政主题写书的念头。虽无法同诸位前辈相比，但依然渴望以自己的点滴反思直面教育的本真，以自己的绵薄之力探求知识的真谛。

思想政治教育的家国情怀、问题意识、政治属性，赋予了我思考问题的不同视角。陕西学前师范学院"陕西省哲学社会科学重点研究基地核心价值观培育与红色文化基因传承协同创新研究中心"的专家们给予了我专业的支持。从书名到内容的逻辑结构，从思考的方向到观点的凝练，他们都不吝赐教，为本书的完成付出了辛勤的劳动。在本书的撰写过程中，参考了许多专家、学者的论著和研究成果，当我每每陷入思考的困境，都能从学术前辈的著作、文献中得以启迪，在深入思考中豁然开朗。在此，一并表示深深的感谢。

本书也是陕西省"十四五"教育科学规划2022年度课题"融媒体背景下高校思政课教学研究"（SGH22Q256）的研究成果。

陕西人民出版社各位编校人员为本书细致校勘，使得本书能够及时出版。

本书的出版，得到了陕西学前师范学院学科建设与科研处、马克思主义学院的支持，陕西省哲学社会科学重点研究基地核心价值观培育与红色文化基因传承协同创新研究中心、马克思主义中国化重点学科提供了经费资助。

由于自己水平有限，粗糙不当乃至舛误之处一定不少，敬请批评指正。自己将怀揣对知识的敬仰，向学术前辈学习，不忘初心，在所研究的领域继续深入钻研。

王琳娜

2024 年 9 月